Hans Bürger | Günther Mayr

Knock down

Menschheit auf dem Prüfstand

braumüller

Bibliografische Information der Deutschen Nationalbibliothek
Die Deutsche Nationalbibliothek verzeichnet diese Publikation in der
Deutschen Nationalbibliografie; detaillierte bibliografische Daten
sind im Internet über http://dnb.d-nb.de abrufbar.

1. Auflage 2021
© 2021 by Braumüller GmbH
Servitengasse 5, A-1090 Wien
www.braumueller.at

Bildleiste Cover v. l. n. r: © ORF; © Shutterstock/cigdem; © Shutterstock/Dan74; © ORF
Grafik Seite 74: ORF.at/corona, Quelle: AGES/EMS
Grafik Seite 109: AGTT/GfK TELETEST; Basis: Sendungen länger als 10 Minuten
Grafik Seite 193: © Wikimedia Commons (CC BY-SA 4.0)
Fotos Bildteil: Seiten 128-133 © Privatarchiv Günther Mayr/Hans Bürger, Seiten 134-135
© Bundeskanzleramt; Seite 136 © KURIER/Romar Ferry
Druck: FINIDR, s.r.o., Lípová 1965, 737 01 Český Těšín
ISBN 978-3-99100-330-4

INHALT

Vorwort

„Anlässlich *ein Jahr Corona* machen wir ein Buch." Der Chef des Braumüller-Verlags, Bernhard Borovansky, der ZIB-Innenpolitikchef Hans Bürger und der Leiter der Wissenschaftsredaktion des ORF-Fernsehens, Günther Mayr, waren sich einig. Allerdings sollte das Werk bereits Mitte März 2021 erscheinen. Ein Jahr nach dem ersten Lockdown in Österreich und – so die gar nicht so leise Hoffnung – zum Ende der Pandemie.

Herbstgedanken dreier Herren im Jahr 2020. Und wie es so mit Herbstgedanken ist, strahlten sie optimistisch und hell, um der nahenden Düsternis im raumgreifenden Dunkel hoffnungsfroh entgegenwirken zu können. Noch vor dem eintreffenden Winter war das Buchprojekt fix – und wir drei fix und fertig, galt es doch die Bilanz zur schlimmsten Krise seit dem Zweiten Weltkrieg in recht kurzer Zeit aus dem Boden zu stampfen.

Und dann kam die zweite Welle, die aus heutiger Sicht als die heftigste der seit 2020 rollenden Corona-Wellen angesehen wird. Knapp 10.000 neue Fälle an nur einem Tag – die neue Normalität? Die alte Normalität – also Zeiten wie vor Covid-19 – werden wir so schnell nicht mehr erleben. Zum Jahreswechsel 2020/2021 war klar, dass weitere Erkrankungswellen folgen werden – weltweit. Und Mitteleuropa wird wohl nicht verschont bleiben. Zu Beginn des zweiten Corona-Jahres war dem hoffnungsvollen Trio Mayr/Bürger/Borovansky klar: Mit der *abschließenden* Corona-Bilanz wird's wohl nichts werden.

Somit, geneigte Leserin, geneigter Leser, liegt nun *kein* Corona-Rückblick vor Ihnen. Ein Rückblick plus Ausblick ist es geworden. Eine Rückschau zweier Fernsehjournalisten, die Sie – so ORF-Zuseherin, ORF-Zuseher – vielleicht öfter gesehen haben, als Ihnen lieb war, aber doch auch zweier Redakteure, die damals, zu Beginn des Wahnsinns, einen guten Einblick hinter die Kulissen gewinnen konnten.

Wie fallen politische Entscheidungen in einer Sache, die niemand kennt? Was macht eine Regierung, die innerhalb weniger Tage mit diesen Fragen konfrontiert ist. Sollen wir das Land zusperren oder nicht? Was ist überhaupt ein Lockdown? Werden sich die Menschen daran halten? Ja, darf man in einer Demokratie Menschen einfach zu Hause einsperren?

Neuland – nichts als Neuland

Und vor allem: Wer *kann* Fragen wie diese überhaupt beantworten? Die Politik allein mit Sicherheit nicht. Ja, die *Wissenschaft*, aber wer genau? Mediziner. Gut. Aber welche?

Wer stellt einen Krisenstab zusammen? Will die Kanzlerpartei dieselben Wissenschaftler, die die Vizekanzler-Partei will? Soll man die politische Opposition miteinbeziehen oder nicht? Wie lange hat man überhaupt Zeit, über all das nachzudenken?

Virologen, Epidemiologen, Komplexitätsforscher (wer kannte solche vor Corona?), Mathematiker und viel später dann (leider zum Teil zu spät) auch Psychologen, Soziologen, Historiker und vor allem – mit andauernder Krise – Ökonomen. Frauen und Männer der Wissenschaft. Aus dem In- und Ausland. Am Ende hat ein Krisenstab Dutzende Beraterinnen und Vorentscheider.

Hans Bürger und Günther Mayr geben Einblicke in Entscheidungsabläufe, wie sie in der Öffentlichkeit eher nicht bekannt sind. Aber eben nicht nur den Blick auf das Vergangene, sondern, weil aus der Welle Dauerwellen geworden sind, auch den Ausblick. Den natürlich nicht mit Gewähr. Denn niemand weiß, wie Krisen ausgehen.

Nicht bei Pandemien, nicht bei Wirtschaftskrisen und schon gar nicht bei länderübergreifenden politischen Krisen, die – auch während wir dieses Buch geschrieben haben – auch immer wieder zu Bürgerkriegen oder „echten" Krisen wachsen.

Sie halten nun die Geschichte einer Weltkrankheit in Händen, die noch immer nicht hinter uns liegt. Und auch die Geschichte einer dadurch entstandenen Angst vor weiteren Pandemien, Naturkatastrophen und anderen Ereignissen, die uns Erdenbürgern das Leben nicht leichter machen, sondern uns zu Nachdenklichkeit und gänzlich neuen Denkansätzen zwingen.

Gesundheit und Wissenschaft versus Wirtschaft und Politik

Chronologie eines Ausnahmezustands

27. Jänner 2020

Etienne Berchtold ist ein besonnener Mensch. An diesem Tag (so wird es uns exakt ein Jahr später von einem Teilnehmer der Montagsrunde erzählt werden) stürmt er jedoch in die Montagsbesprechung des Kernteams von Bundeskanzler Sebastian Kurz und berichtet in für einen Diplomaten sehr aufgeregtem Ton: „Chef, wir haben ein Problem!"

„Etienne, beruhig dich, wir wissen, dass Erdoğan wieder einmal dem ganzen Kontinent droht", soll die Antwort eines anderen Kanzlerberaters gewesen sein, vielleicht auch vom Kanzler selbst, so genau kann sich die Runde später dann doch nicht mehr erinnern.

Der außenpolitische Sprecher von Sebastian Kurz gibt nicht auf. „Meine Herren, es geht nicht um Erdoğan, es geht um Corona."

Die Reaktionen sollen damals gemischt ausgefallen sein. Von „Geh bitte, was geht das uns an?" über „für uns in Europa nicht relevant" bis zu „Na, hoffen wir, dass wir das nicht doch irgendwann ernst nehmen müssen".

Zur gleichen Zeit in Davos.

„Entschuldigen Sie meine heisere Stimme, ich erhole mich gerade von einer Fiebererkrankung nach einem Aufenthalt in Wuhan", wird Jacques Pitteloud, Botschafter der Schweiz in den USA, zitiert. Am Rande des Weltwirtschaftsforums Davos soll der Diplomat diesen „Scherz" bei einer Rede in der schweizerisch-amerikanischen Handelskammer gemacht haben. Der Spruch habe zwar bei Politikern und Managern für einige Lacher gesorgt, aber andererseits doch auch zu „abschätzigen Kommentaren zum höchst unpassenden Witz" geführt. Der Botschafter soll später über das Außendepartement ausrichten haben lassen, dass es sich um eine „witzige Bemerkung zur Eröffnung der Rede gehandelt habe" und es ihm leidtue, „wenn seine Worte jemandes Gefühle verletzt haben sollten". In keinster Weise wollte er „die aktuelle Situation in China herunterspielen oder verhöhnen", schrieb Lea Hartmann in der Schweizer Boulevardzeitung „BLICK".[1]

In China steigen indessen die Corona-Fallzahlen: 876 Infizierte und 25 Tote. 3 % der Infizierten würden die Erkrankung nicht überleben, warnt die Wissenschaft.

Die ungehörten Warnrufe

Bloß keine Panik. Als der chinesische Augenarzt Li Wenliang im Zentralkrankenhaus in Wuhan im Dezember 2019 bei immer mehr Patienten eine schwere Lungenentzündungen diagnostizieren muss, wird er unruhig. Es sind immer die gleichen Symptome, und er weiß, dass auch in anderen Krankenhäusern Wuhans auffallend viele Menschen mit Atemwegsproblemen behandelt werden müssen – es gibt auch Todesfälle. Am 30. Dezember werden wieder sieben neue Fälle gemeldet. In den Krankenakten findet sich der Vermerk: „Verdacht auf SARS-Virus-Infektion". Der Mediziner Li Wenliang will nicht mehr stillhalten und informiert in einem Internetforum einige Arztkollegen über die seltsame Häufung und den möglichen Zusammenhang mit einem SARS-Virus. „Sieben SARS-ähnliche Fälle bestätigt", schreibt er und vermerkt, dass alle sieben Patienten am Fischmarkt in Wuhan gewesen seien – er nennt also eine mögliche Infektionsquelle. Der chinesischen Internet-Zensur entgeht dieses kurze Schreiben nicht. Vier Tage später, am 3. Jänner 2020, wird Li Wenliang in das polizeiliche Sicherheitsbüro in Wuhan vorgeladen. Dem Arzt wird vorgeworfen, er habe „unwahre Behauptungen" aufgestellt und damit die „gesellschaftliche Ordnung ernsthaft gestört". Denn die öffentlichen Stellen Chinas behaupten nach wie vor, dass die Übertragung des Virus von Mensch zu Mensch nicht bewiesen sei und jegliche Aussagen zu gesundheitlichen Belangen den Behörden vorbehalten seien. Die Polizei hat außerdem ein Schreiben verfasst, das dem 33-jährigen Arzt vorgelegt wird. „Wir wünschen, dass Sie sich beruhigen und sorgfältig nachdenken, und möchten Sie ernsthaft warnen: Wenn Sie weiter halsstarrig bleiben, Ihre Vergehen nicht bedauern und mit diesen illegalen Aktivitäten fortfahren, werden Sie strafrechtlich zur Rechenschaft gezogen werden – haben Sie das verstanden?" Li Wenliang muss das mit „Verstanden" unterschreiben. Die beiden Polizeioffiziere Hu Guifang und Xu Jinhang haben dem Mediziner vorschriftsgemäß die Leviten gelesen und drücken ihren roten Dienststempel auf das abgepresste Dokument. Der Arzt nimmt die Verwarnung zur Kenntnis und eilt zurück in sein Krankenhaus, wo jede medizinische Kraft dringend gebraucht wird. Das Virus nimmt immer mehr überhand, die Versorgungssituation in einigen Spitälern ist bereits am Limit. Der Augenarzt Li Wenliang kümmert sich auch um Notfallpatienten und untersucht am 8. Jänner eine soeben eingelieferte Frau. Zwei Tage später verspürt der Arzt Grippesymptome – er hat sich bei dieser Patientin mit dem neuartigen Virus angesteckt. Zunächst sind es milde Symptome, aber der Arzt weiß mittlerweile aus Erfahrung: Ein schwerer Verlauf zeigt sich erst später. Nach anfänglichem Husten beginnt Wenliang zu fiebern, zwei Tage später wird der Spitalsarzt selbst in ein Krankenhaus eingeliefert. Zunächst fallen die Gentests negativ aus, erst nach drei Wochen wird das Virus nachgewiesen. „Also doch!", diagnostiziert der Mediziner selbst und veröffentlicht einen kleinen Hund mit hängender Zunge im Internet. Zu Hause bangt seine Frau, die gerade mit dem zweiten Kind schwanger ist, um ihren Mann. Doch die Ärzte verlieren den Kampf um ihren mutigen Kollegen: Am 8. Februar hört das Herz von Li Wenliang zu schlagen auf. Die Nachricht verbreitet sich auch im zensurierten China wie ein Lauffeuer. Wütende Menschen verlangen Aufklärung und feiern den jungen Arzt in unzähligen Nachrichten als Märtyrer. Chinas Staatsapparat sieht sich schlussendlich genötigt, sich für das Verhalten der Behörden zu entschuldigen. Als Bauernopfer werden zwei Beamte des Gesundheitsamtes in der Provinz entlassen.

Düstere Vorzeichen

Was den jungen Arzt alarmiert hatte, war der Typ des Virus, der die Krankheit auslöste. Er wusste von der SARS-1-Epidemie, die im Jahr 2002 in China ihren Ausgang genommen hatte. Während seines Studiums an der medizinischen Universität Wuhan wurde ihm klar, welche Bedrohung dieser Virentyp darstellen konnte. SARS war durch die Epidemie in den Jahren 2002/2003 zu einem Begriff geworden. An den Folgen des SARS-1-Erregers verstarben nach offiziellen Angaben 774 Menschen, das Virus grassierte in 25 Ländern. Auch bei dieser Epidemie waren die chinesischen Behörden vor allem zu Beginn sehr zögerlich mit der Herausgabe von Informationen, mittlerweile lässt sich die Ausbreitung aber sehr gut nachvollziehen. Dass die Seuche damals schlussendlich eingedämmt werden konnte, ist durchaus auf die Reaktionen nationaler Gesundheitsbehörden zurückzuführen. So gab es in einigen Ländern Schulschließungen über mehrere Wochen, in Peking wurden zeitweise Diskotheken, Theater und andere Kultur- und Unterhaltungsbetriebe geschlossen. International wurden Reisewarnungen verhängt, in Kanada, wo das Virus sich stark verbreitet hatte, wurden mehrere große Kongresse abgesagt. Schlussendlich aber, so sieht es auch der österreichische Molekularbiologe Josef Penninger, war auch etwas Glück dabei, dass man diesen Erreger noch einmal zurückdrängen konnte. Als Konsequenz aus der damaligen Situation richtete die Europäische Union recht schnell das schon länger geplante „European Centre for Disease Prevention and Control" (ECDC) ein. Dort sollen die Fäden der verschiedenen nationalen Gesundheitsbehörden zusammenlaufen, um ein koordiniertes Vorgehen auf europäischer Ebene zu ermöglichen. ECDC hat aber keine Befugnis, Regelungen oder Bestimmungen für alle Mitgliedsländer durchzusetzen. Dass die Europäische Gesundheitspolitik trotzdem alles andere als homogen und gut koordiniert ist, hat so manchen Spötter zum Spruch verleitet, die ECDC sollte wohl eher wie die bekannte Rockband AC/DC heißen und als Motto haben: „Viel Lärm um nichts".

An der Front von Wuhan

Am 27. Jänner 2020 ruft in Wuhan die Krankenschwester Li Ting aus dem Krankenhaus ihren Mann an. „Jetzt hab ich es auch", flüstert sie ins Telefon. Cai Kahai weiß sofort, was das bedeutet. Schon seit Mitte Dezember hat ihm seine Frau immer eindringlicher von einer unheimlichen Krankheit berichtet, mit der immer mehr Patienten in die Notfallaufnahme ihres Krankenhauses in Wuhan eingeliefert würden. „Alle haben die gleichen Symptome – und viele sterben." Schon seit Anfang des Jahres ist sie Tag für Tag mit einem mulmigen Gefühl in die Arbeit gefahren. An diesem 27. Jänner kocht sie in der Früh eine Gemüsesuppe mit Nudeln und sagt: „Ich muss mich beeilen, sonst komm ich zu spät auf die Station!" Kurz vor neun ruft sie dann an. Die Ärzte im Krankenhaus konstatieren „milde Symptome", stellen ein paar Medikamente zusammen und schicken Li Ting in Heimquarantäne. Im Krankenhaus wäre ohnehin kein Bett mehr frei. Für das Ehepaar kommt das Ganze nicht ganz überraschend. Für die Stadt Wuhan mit elf Millionen Einwohnern gilt seit dem 23. Jänner ein Lockdown, der öffentliche Verkehr ist eingestellt. Cai Kahai fährt mit seinem Auto zum Krankenhaus, um seine Frau abzuholen. Zu Hause angekommen, gibt Li Ting ihrem Mann noch einige Verhaltenstipps – ab sofort werden beide auch in der Wohnung Masken tragen, Kahai desinfiziert, so gut er kann, die Wohnung, während sich Li Ting ins Bett legt. Mittlerweile hat sie Fieber und es geht ihr zunehmend schlechter. Am Abend liegt sie wimmernd unter der rosafarbenen Bettdecke und ist kaum noch zu beruhigen.

Cai Kahai betritt das Schlafzimmer nur noch mit Schutzanzug, Maske und Brille. „Komm mir nicht zu nahe. Bleib weg!", schluchzt seine Frau. Er versucht, sie zu trösten, aber die Angst schnürt ihm die Kehle zu. Dieses Virus wird ihm immer unheimlicher. Wochen später erst kann er aufatmen. Seine Frau übersteht die Infektion. Li Tings Schicksal ist nur eines von sehr vielen.

Die Europäische Union und auch Österreich beschäftigen in diesen Tagen dennoch andere Probleme. Tatsächlich ist es der türkische Präsident Recep Tayyip Erdoğan, der wieder einmal droht: Wenn der Krieg in Syrien abermals viele Geflüchtete in sein Land spüle, werde Europa das zu spüren bekommen, dann werde sich der Kontinent an 2015 erinnern fühlen, als fast eine Million Migranten über die Balkanroute nach Nordwesten gewandert seien. Erdoğan denkt erneut über einen Stopp für das 2016 beschlossene EU-Türkei-Abkommen nach und damit darüber, Flüchtlinge aus Syrien (unter anderem mit EU-Milliarden) eben nicht mehr in der Türkei zu behalten, sondern sie weiterziehen zu lassen beziehungsweise sie nicht mehr aus Griechenland zurückzunehmen. Durch dieses Abkommen hatte sich die türkische Regierung eigentlich dazu verpflichtet, auf den griechischen Ägäisinseln ankommende Flüchtlinge aufzunehmen und stärker gegen Schlepperbanden vorzugehen. Die EU hatte im Gegenzug Milliardenhilfen, eine beschleunigte Visa-Erleichterung und die Modernisierung der Zollunion in Aussicht gestellt.[2] Daran habe sich die EU aber nicht gehalten, argumentiert der türkische Präsident.

In der EU eilt man von Krisengipfel zu Krisengipfel und Erdoğan kommt mit Fakten. Von den 5,7 Millionen syrischen Flüchtlingen weltweit habe die Türkei 3,7 Millionen und damit zwei Drittel aufgenommen und diese Menschen mit Sicherheit, Arbeit und Bildung versorgt. Und in der Tat müssen die auf den griechischen Inseln für einige Zehntausende Flüchtlinge herrschenden, unwürdigen Umstände als Schande bezeichnet werden. Medien berichten über Kinder, die versucht hätten, sich das Leben zu nehmen, von traumatisierten Erwachsenen und entsetzlichen hygienischen Zuständen. Das alles unter der Flagge der EU, die für die Achtung der Menschenwürde und der Menschenrechte steht.

Griechenland und die verzweifelt um eine gemeinsame Asylpolitik ringende Europäische Union haben offenbar vor dem Problem kapituliert. Die EU-Verteilungspolitik ist die Asylwerber betreffend gescheitert. Die meisten Mitgliedsländer halten sich an keine Verteilungsschlüssel und jene, die viele Menschen aufgenommen haben, darunter Deutschland und Österreich, argumentieren, sie hätten schon 2015 ihre sogenannten „Hausaufgaben" in der Asylpolitik gemacht.

28. Jänner 2020

An diesem Tag werden zwei chinesische Touristen, die sich wegen bestimmter Symptome selbst gemeldet haben, in Rom positiv auf COVID-19 getestet. Angeblich kommen sie zwar als Auslöser der Pandemie nicht infrage, aber dennoch ist bis heute ungeklärt, auf welchem Weg die Infektion erstmals nach Italien eingeschleppt worden ist.

Einige Monate später wird man feststellen müssen: In Italien ist das Coronavirus SARS-CoV-2 nachweislich schon im November 2019 –

und damit zwei Monate früher als bisher angenommen – aufgetreten. Bei Nachuntersuchungen von einigen Dutzend Abwasserproben aus Kläranlagen in Norditalien hatte das italienische Gesundheitsinstitut ISS das Erbgut des Erregers SARS-CoV-2 bereits am 18. Dezember 2019 in Mailand und Turin gefunden.

19. Februar 2020

In Mailand gewinnt vor 44.236 Zuschauern das Sensationsteam der Champions League, Atalanta Bergamo, gegen FC Valencia mit 4:1. Zuvor waren Menschenmassen aus dem 50 Kilometer entfernten Bergamo nach Mailand angereist. „Meine Frau hat drei Stunden gebraucht, um die Strecke zu bewältigen – normalerweise benötigt man dazu nur 40 Minuten"[3], erzählt später der Atalanta-Stürmer Papu Gomez gegenüber sport1.de. „Ich denke, dass dieses Spiel zur jetzigen dramatischen Situation beigetragen hat."[4] Darauf deutet auch der explosionsartige Anstieg an Corona-Infektionen in Bergamo zwei Wochen nach dem Spiel hin. Einem Spiel, das schon jetzt in die Corona-Geschichte eingegangen ist als „Partita zero" (Spiel null), in Anspielung auf den Begriff *Patient null*. Laut dem Mailänder Virologen Massimo Galli war die Epidemie „wohl schon einige Wochen davor auf dem Land in den Fabriken, bei Landwirtschaftsmessen und in den Bars der Dörfer ausgebrochen und war viel größer, als wir dachten. Die Tatsache aber, dass sich im Stadion Leute aus derselben Ecke des Landes zu Zehntausenden drängten, könnte ein wichtiger Faktor für die Ausbreitung gewesen sein."

Aerosole mio – Der Luftkampf entscheidet die Pandemie

Noch im Herbst 2019 hätte man es mit dem üblichen Achselzucken zur Kenntnis genommen, wenn einem die Hausärztin gesagt hätte: „Das ist ein Infekt, da haben Sie sich irgendwo ein Virus eingefangen." Antibiotika wirken gegen Bakterien, aber bei Viren war meist die Botschaft: „Auskurieren und besser aufpassen, dass Sie niemand anniest oder anhustet." Ein paar Monate später war klar: So einfach ist die Sache nicht. Über die berühmte „Tröpfcheninfektion", also über feine Tröpfchen, die beim Husten oder Niesen durch die Luft fliegen, konnte die Ausbreitung des SARS-2-Virus nicht mehr erklärt werden. Virologen wussten natürlich längst, dass Viren sich auch über winzige Teilchen in der Luft, sogenannte Aerosole, ausbreiten können. Bei einer Größe von einem zehntausendstel Millimeter braucht das SARS-2-Virus keinen großen Transporter. Dennoch waren auch Fachleute und Expertinnen überrascht, welche Wege dieser Erreger mühelos überwinden kann. Bei Versuchen an der Universität Tokio standen ganze Gruppen von Wissenschaftern fassungslos vor Monitoren, auf denen über bildgebende Verfahren gezeigt wurde, wie die Ausbreitung vor sich ging. Bei den ersten Fällen in Deutschland stellte sich heraus, dass ein Tischnachbar den anderen um Salz gefragt hatte und so ein Infektionsherd geschaffen wurde. Bei einer einzigen Chorprobe in der Nähe von Seattle infizierte bei 63 Teilnehmern ein einziger Sänger 52 seiner Chorkollegen, drei erkrankten schwer, zwei starben. Damit war auch ein neuer Begriff eingeführt: „Superspreader" – ein Mensch, der besonders infektiös ist und viele andere anstecken kann. Es wurde klar: Es müssen andere Regelungen her, um die Ausbreitung zu verhindern. Abstand halten, Maske tragen und große Gruppen vermeiden. Es dauerte, bis das Ganze in Gesetze mündete, aber es war bewiesen, dass die Lufthoheit ein zentrales Element der Pandemiebekämpfung sein müsse. Oh Aerosole mio als wehmütiger Abgesang an ein Leben ohne Einschränkungen.

23. Februar 2020

An der italienischen Grenze zu Österreich, am Brenner, wird ein Zug angehalten. Zuvor hatte die italienische Staatsbahn die Österreichischen Bundesbahnen darüber informiert, dass sich im Zug Eurocity 86 zwei Personen mit Fiebersymptomen und schwerem Husten befänden. Zwar waren die beiden Frauen aus Deutschland schon in Verona negativ getestet worden, dennoch ließ das österreichische Innenministerium den Zug nicht weiterfahren.

„Dieser Vorfall hat uns wie ein rasender Schnellzug erwischt", erzählt später Markus Gstöttner, der stellvertretende Kabinettschef des Kanzlers.

24. Februar 2020

Die noch von vielen als politisches Experiment betrachtete Regierung von ÖVP und Grünen verkündet, das Nulldefizit halten zu wollen. Von einem leichten Budgetüberschuss für 2021 und einem längst überfälligen Ende rot-weiß-roter Schuldenpolitik schwärmt der wirtschaftsliberale Finanzminister Gernot Blümel.

Die ersten Bankdirektoren warnen hingegen bereits davor, dass es zu einem „Bank Run" kommen könnte. Also einem Ansturm der Einleger auf die Kassen, vor allem auf die Bankomaten eines Geldinstituts, um bei wirklichen, aber auch bei vermeintlichen Zahlungsschwierigkeiten der Bank die Guthaben abziehen zu können. Ein „Bank Run" führt in der Regel dazu, dass die Bank die Kassen schließen muss, da nicht ausreichend Bargeld zur Verfügung steht.[5] Zu diesem Zeitpunkt deutet kaum etwas auf eine bevorstehende Krise hin, noch besteht die Befürchtung eines derartigen Ansturms.

„Am Beginn der letzten Februarwoche waren wir uns noch ganz sicher, dass das Nulldefizit halten würde, am Ende der Woche, am 1. März 2020, es war ein Sonntag, wussten wir: Es könnten am Ende bis zu 40 Milliarden Euro fehlen", erzählt ein „lieber anonym bleiben wollender" hoher Beamter.

Was war passiert?

25. Februar 2020

Umgelegt könnte man sagen: Zwei kleine Schritte für zwei 24-jährige in Innsbruck lebende Italiener, ein großer dramatischer Schritt für das ganze Land. Eine Angestellte eines Hotels und ihr Freund werden positiv getestet, sie waren zuvor in Italien.

„Und ab da haben wir gewusst: Ab sofort heißt es, in anderen Zeiträumen zu denken. Einerseits, was machen wir morgen, und andererseits, dass wir nicht weiter als über zwei Wochen hinaus denken werden *können*", sagt Markus Gstöttner rückblickend.

29. Februar 2020

Recep Tayyip Erdoğan gibt bekannt: „Wir haben die Tore geöffnet." Bereits einen Tag zuvor hieß es aus Ankara, dass die Türkei ihre Grenzen vor Flüchtlingen, „die nach Europa wollen", nicht länger verschlossen hält.

Griechenlands Antwort darauf ist eindeutig: Unsere Grenzen zur Türkei bleiben dicht. Tatsächlich setzen die griechische Grenzpolizei sowie Sondereinheiten der Bereitschaftspolizei Tränengas und Blendgranaten ein, und das griechische Fernsehen zeigt, wie auf diese Weise gegen Migranten, die nach Europa drängen, angekämpft wird.

Der Hintergrund für die neuerliche Zuspitzung: Der syrische Machthaber Baschar al-Assad hat gemeinsam mit Russland seine Angriffe auf Assad-Gegner im Land wieder verschärft. Die Menschen fliehen. Mehr als in den vergangenen Jahren.

Während sich die Europäische Union auf den näher rückenden Bruch des Flüchtlingspakts mit der Türkei vorbereiten muss, steigen weltweit die Corona-Fallzahlen rapide an.

Auch in Österreich kämpft die Regierung an diesen beiden Fronten. Das neue Migrationsproblem spült die Koalition in ihre erste Bewährungsprobe. COVID-19 ist ohnehin Neuland für alle. In der Asylpolitik bleibt der Kanzler seiner Linie treu und verkündet: „Grenzen dicht!" Er ist strikt gegen die Aufnahme von Flüchtlingen, ganz im Gegensatz zu Vizekanzler Werner Kogler, der meint, für kriegstraumatisierte Frauen und Kinder müsse in Österreich Platz sein. „Das müssen wir dann machen, wenn es der EU nicht gelingt, dort menschenwürdigere Bedingungen zu schaffen", sagt der Chef der Grünen. Zum ersten Mal hängt das Damoklesschwert einer möglichen gemeinsamen Parlamentsabstimmung der ÖVP mit der oppositionellen FPÖ zum „Grenzen dicht machen" über Türkis-Grün.

3. März 2020

Benjamin Netanyahu gewinnt die Parlamentswahl in Israel. Der österreichische Bundeskanzler ruft ihn an, um ihm „zum klaren Wahlsieg" zu gratulieren und um „die exzellenten bilateralen Beziehungen weiter zu stärken und Antisemitismus und Antizionismus zu bekämpfen", wie der Kanzler später twittert.

Eine Woche später

Der israelische Ministerpräsident ruft in Wien an. Sebastian Kurz erinnert sich genau an dessen Worte: „Ihr unterschätzt das in Europa, wacht auf und tut etwas."

Dieser Anruf von Netanyahu habe ihn wachgerüttelt, sagt Kurz später der BILD. Ein Mitarbeiter aus dem Kanzlerteam berichtet ein Jahr danach, Netanyahu habe Österreich auch sehr konkret gewarnt. Israel befürchte eine 3-prozentige Mortalitätsrate. Von 100 Infizierten würden drei sterben. Der Kanzler selbst ergänzt in einem Gespräch im Zuge der Recherche für dieses Buch: „Viele Regierungschefs haben mir gesagt, nicht nur aus Israel, auch aus Singapur oder China, euer Kontinent unterschätzt diese Gefahr, ihr müsst jetzt handeln, sonst ist es zu spät."

Letztlich habe er in dieser Zeit nichts anderes mehr gemacht, als zu telefonieren und sein als Außenminister aufgebautes internationales Netzwerk zu aktivieren. Doch die Antworten sind nicht eindeutig. Viele Staaten wollen keine Gefahr sehen und jene, die sie schon erkennen, wissen nicht, was sie tun sollen.

Wie führt man als Regierung einen Kampf gegen *etwas*, das niemand kennt?

Die größte Armee der Welt ist unsichtbar

Sehr große Zahlen sind für die meisten Menschen etwas, das sich ihrer Vorstellungskraft entzieht. Die Millionen des Lottogewinns sind vielleicht noch einordenbar, aber wie hoch die Wahrscheinlichkeit für einen solchen Gewinn ist und warum es so ist, dass man mehr als acht Millionen verschiedene Tipps abgeben müsste, um sicher sechs Richtige zu haben, das ist den meisten dann doch zu kompliziert und fällt unter „höhere Mathematik", was es freilich längst nicht ist. Wissenschafter der naturwissenschaftlichen Disziplinen aber sind es gewohnt, mit Zahlen umzugehen, und streben danach, immer verlässliche Zahlen zu bekommen, um Vergleiche anstellen zu können. So ist es nicht verwunderlich, dass einige auf die Idee gekommen sind zu fragen: „Gibt es eigentlich mehr Lebewesen oder mehr Viren?" Viren gelten für Biologen nicht als eigenständige Lebewesen, da sie ohne Wirtstier nicht überleben können (siehe S. 26ff.). Jetzt ist es aber einigermaßen schwierig, alle Lebensformen der Welt in einen Kobel zu sperren und durchzuzählen. Dasselbe gilt für Viren. Die Annäherung erfolgt deshalb über ein klassisches mathematisches Verfahren:

die Hochrechnung. Man nehme einen Kubikmeter Erdreich verschiedenster Sorten und beginne durchzuzählen, welche Lebensformen und Viren sich darin finden; man nehme einen Kubikmeter Meerwasser, zähle durch und so weiter. Und dann muss man die Zutaten mit der Masse der Erde und mit der Kubatur der Ozeane multiplizieren. Dies ergibt eine Zahl, die dem Laien zunächst nicht so viel sagt: 10^{30} – Gut, man kann das auch anders schreiben: 1.000.000.000.000.000.000.00 0.000.000.000. Das übersteigt den Lottogewinn doch deutlich. Dabei sind wir noch gar nicht bei Onkel Dagoberts „Fantastilliarden". Die mathematische Bezeichnung für 10^{30} ist Quintillion. Bringt uns in unserer Vorstellungskraft nicht weiter, aber wichtiger ist: Diese Zahl betrifft alle Lebewesen, inklusive Kleinstlebewesen wie Bakterien. Die Viren aber, die begnügen sich nicht mit der Quintillion – von ihnen existieren noch einmal um das Zehn- bis Hundertfache mehr. Das haben akribische Biologen nicht nur aufgrund der Hochrechnung ermittelt, das ist auch insofern sehr wahrscheinlich, weil sehr viele Lebewesen von mehreren Virenarten befallen sind – und da sind hundert Stück quasi ein Klacks. Das heißt in anderen Worten: Wir sind umgeben von der größten Armee der Evolutionsgeschichte, die uns unsichtbar begleitet. Diese Armee ist getarnt wie keine andere, kommt mit allen Verhältnissen zurecht und schafft es auch, sich immer wieder neues Terrain zu erobern. Sie überschreitet immer wieder Grenzen – und da ist das Überschreiten der Artengrenze für uns Menschen das gefährlichste Manöver, denn auf diesen Angriff sind wir schlecht vorbereitet.

Die Tricks des Virus – Tarnen und Täuschen

Das Hauptproblem für ein Virus ist, dass es nicht allein existieren und sich vermehren kann – es braucht ein Wirtstier. Nur dort kann es sich ausbreiten und in Zellen weiterentwickeln. Ein weiteres Problem: Das Immunsystem, ob von Mensch oder Tier, ist stets in Alarmbereitschaft und attackiert mögliche Eindringlinge sofort. Das heißt, das Virus muss sich wie ein Spion in den Organismus einschleichen und dort möglichst wenig auffallen. Das ist bei einem robusten und intakten Immunsystem alles andere als einfach. Was sicher gar nicht geht, ist, schon mit gezückter Waffe aufzutauchen und zu versuchen, den Organismus zu attackieren. Denn die Immunabwehr verfügt über mehrere gut funktionierende Gegenspionage-Abteilungen (siehe S. 52ff.), die permanent patrouillieren und offensichtliche Angreifer festhalten und eliminieren. Das SARS-2-Virus versteckt seine Waffe deshalb bis ganz zum Schluss. Diese Waffe ist ein Eiweißbaustein, mit dessen Hilfe es sich in Körperzellen hineinarbeiten kann – eine Art molekularbiologischer Giftstachel. Erst im allerletzten Moment, kurz vor dem Eindringen in die Zelle, zückt das Virus diese Waffe. Das Immunsystem reagiert in diesem Fall zu langsam und erkennt zu spät die Gefährlichkeit des Eindringlings. Es besteht auch die Möglichkeit, dass sich sogenannte Fresszellen des Immunsystems auf das Virus stürzen, es fressen und in sich aufnehmen. Dies kann dazu führen, dass sich das Virus innerhalb dieser Fresszellen weitervermehrt, dass ihm sozusagen die Tür in den Organismus durch die Gegenattacke geöffnet wird. Deshalb muss das Immunsystem unter Umständen nachjustieren und neue Abwehreinheiten rekrutieren, um den Virenbefall doch noch zu stoppen. Dieser Gegendruck wiederum führt dazu, dass das Virus versucht, seine Taktik zu ändern – es verändert sich, es mutiert (siehe S. 40f.).

Ein Jahr später werden die für diese Weltkrise in Österreich zuständigen Beamten vor allem zwei Parameter anführen: Es braucht kluge Expertinnen und Experten und schnelle Entscheidungen. Davon hängen Erfolg und Misserfolg einer Krisenbekämpfung ab.

Wenn ich nicht mehr weiter weiß, gründ ich einen Arbeitskreis. Ein böses journalistisches Bonmot für ratlose Politikerinnen und Politiker. Diesmal *trifft* es zu, ohne jeden Zynismus. Zurate gezogen werden Mediziner, Epidemiologen, Labormediziner, Mikrobiologen, Vakzinologen, Immunologen, Mathematiker, Simulationsexperten, Statistiker und im Laufe der Zeit auch Psychologen, Soziologen und letztlich, mit Dauer der Krise, vor allem auch Ökonomen.

Aber wer weiß wirklich, was zu tun ist? Weltweit niemand.

11. März 2020, 17:33 Uhr

Wir haben ein weltweites Problem. Etienne Berchtold sollte recht behalten.

Regierungschefs aller Länder verfolgen die Pressekonferenz der Weltgesundheitsorganisation im WHO-Hauptquartier in Genf. Generaldirektor Tedros Adhanom Ghebreyesus verlautbart, dass der Ausbruch des Coronavirus nun als Pandemie bezeichnet werden kann.

Pandemie

Die Welt musste sich in der Vergangenheit schon öfter mit Pandemien herumschlagen. Für die Wissenschaft wird eine Epidemie zu einer Pandemie, wenn eine Seuche sich länderübergreifend verbreitet, abgeleitet vom griechischen Wort *pan* (alles). Es war immer das große Schreckensszenario, dem man vor Jahrhunderten mehr oder weniger hilflos gegenüberstand. Im Mittelalter war es die Pest, die ein Drittel der europäischen Bevölkerung das Leben kostete; an der Spanischen Grippe zu Beginn des 20. Jahrhunderts sind nach Schätzungen an die dreißig Millionen Menschen gestorben. Auch Infektionskrankheiten wie Cholera oder Typhus forderten immer wieder viele Opfer. Als folgenschwere Pandemie hat die sexuell übertragbare Krankheit AIDS bis 2021 an die 36 Millionen Menschen getötet. Davor kann man sich immerhin schützen, bei der Corona-Pandemie stand die Forschung vor allem am Anfang vor vielen Rätseln – die Politik aber musste trotzdem reagieren.

Von diesem Tag an sollte sich für Politikerinnen und Politiker, Expertinnen und Experten, Medien- sowie Wirtschaftsfachleute und vor allem für das gesamte weltweit tätige medizinische Personal alles ändern.

Weltweit treten jene Politiker in den Vordergrund, die dafür sorgen müssen, dass sich Menschen an die Regeln halten. Regeln, die man nicht kannte und nie haben wollte. Vorschriften, die eine massive Einschränkung von persönlichen Freiheiten bedeuten.

Der österreichische Innenminister Karl Nehammer erinnert sich ein Jahr später: „Es war surreal, wir sollten den Menschen anschaffen, zu Hause zu bleiben, und Unternehmen klar machen, dass sie ihr Eigentum nicht aufsperren dürfen, ja *dürfen* wir denn das?"

15. März 2020, 19:50 Uhr

Viereinhalb Millionen Menschen, vom Kind bis zur Ur-Oma, sitzen in Österreich vor den *Empfangsgeräten,* wie es Tarek Leitner, der langjährige ZIB-Moderator hausintern nostalgisch formuliert. Mit Nadja Bernhard moderiert er auch an diesem Tag die ZIB 1. Fast drei Millionen Seherinnen und Seher haben den ORF gewählt. Das ist ein „Weltrekord" für den Österreichischen öffentlich-rechtlichen Rundfunk seit Beginn der Reichweitenmessung. Sie sind bereit, sich informieren zu lassen. Und wie wichtig das in Zeiten wie diesen einmal werden würde, hat wohl keiner von ihnen ahnen können.

Der Bundeskanzler verkündet tatsächlich Bewegendes, in einer Wahlsendung würde man es vielleicht als Erdrutsch formulieren.

„Wir müssen Österreich ab morgen auf den Notbetrieb herunterfahren. Das bedeutet, der Unterricht an Schulen findet nicht mehr statt, Betreuung ist selbstverständlich sichergestellt. Die Geschäfte bleiben geschlossen, mit Ausnahme des Lebensmittelhandels, Apotheken und anderer Notwendigkeiten. Veranstaltungen finden keine mehr statt und auch die Bewegungsfreiheit muss eingeschränkt werden. Das bedeutet, bleiben Sie zu Hause, außer, Sie müssen zur Arbeit gehen, notwendige Besorgungen erledigen oder anderen Menschen helfen, die dringend auf Unterstützung angewiesen sind. Und ich weiß aus der eigenen Familie, dass einem die Decke auf den Kopf fallen kann, und insofern, wenn Sie die Notwendigkeit verspüren, an die frische Luft zu gehen, dann tun Sie das. Gehen Sie im Wald spazieren oder spazieren Sie durch die Stadt, aber tun Sie das alleine oder mit den Menschen, mit denen Sie zusammenleben. Halten Sie zu allen anderen Menschen zumindest

einen Meter Abstand. Sehr geehrte Damen und Herren, liebe Österrei-
cherinnen und Österreicher, ich bin mir bewusst, dass das eine massive
Einschränkung für jeden Einzelnen bedeutet, aber ich bitte Sie hier
wirklich um Ihre Unterstützung." [6]

Das schlägt ein.

Mit diesem 15. März 2020 war eine individuelle Unfreiheit aus-
gerufen worden, in Österreich wie auch in 200 anderen Ländern. In
wenigen früher, in den meisten später.

Und in einigen Ländern glaubt die Politik an die sogenannte
Herdenimmunität, oder sagt zumindest, dass sie an diese glaube –
um unpopulären harten Maßnahmen auszuweichen. Man will ja
schließlich wiedergewählt werden. Pandemie hin, Viren her. So
spricht sich etwa das Vereinigte Königreich unter dem streitbaren
Premierminister Boris Johnson zunächst für die Strategie der *natürlichen Durchseuchung* aus. Johnson lässt sich – nach einigem zähen
Widerstand – dann doch von der Wissenschaft von diesem Glauben
an die Herdenimmunität abbringen. Schweden wird zu Unrecht
in dieselbe Reihe der Herdenimmunitätsverfechter gestellt. Oder
zumindest zum Teil zu Unrecht. Die Regierung hält Maßnahmen
gegen Corona für durchaus notwendig, aber sie setzt – und das ist
die in der Öffentlichkeit als *schwedischer Weg* bekannt gewordene
Strategie – auf Freiwilligkeit.

Die Herde und ihre Immunität

Virologinnen und Mediziner sind sprachlich nicht zimperlich, wenn
es um die Beschreibung von Diagnosen und Effekten geht. In der
Schule wurde den meisten von uns beigebracht, dass der Begriff

„Herde" bei Tieren anzuwenden sei, nicht aber bei Menschen. Aber gut, wir sind für Viren und andere Erreger nach Definition der Biologen ja auch Wirtstiere – wir sollten da nicht so empfindlich sein. Seit Ausbruch der Corona-Pandemie ist der Begriff der Herdenimmunität uns Menschen jedenfalls geläufiger als davor. Wobei die exakte Beschreibung dieses tierisch-robusten Idealzustandes selbst für Infektiologen gar nicht so einfach ist. Da es hier um eine Auseinandersetzung zwischen einem Erreger und dem Menschen geht, bietet sich ein Vergleich mit einem Fußballmatch an.

Auf dem Fußballfeld stehen sich das „Team Mensch" in roten Dressen und das „Team Virus" in gelben Dressen gegenüber. Nehmen wir an, jedes Tor des „Team Virus" bedeutet eine Infektion mehr, jedes Tor des „Team Mensch" bedeutet ein immunisierter Mensch mehr. Erzielt das rote „Team Mensch" ein Tor, muss ein Teammitglied des „Team Virus" sein gelbes Trikot gegen ein rotes Trikot tauschen und beim „Team Mensch" mitspielen, schießt aber das „Team Virus" ein Tor, ist es umgekehrt: Ein Mitglied vom „Team Mensch" muss ein gelbes Trikot überstreifen und beim „Team Virus" mitspielen. Nach einigen Toren für das „Team Mensch" wird das „Team Virus" nur noch sehr wenige Anspielpartner haben und kaum noch Möglichkeiten finden, die Abwehr des „Team Mensch" zu überwinden. Und für das „Team Mensch" wird es immer einfacher, das „Team Virus" auszuspielen und Tore zu schießen. Damit schmilzt das gegnerische Team immer mehr zusammen, bis irgendwann auch der letzte Spieler die Seite wechseln muss.

Ähnlich ist es bei den Infektionsketten: Je mehr Menschen immunisiert sind und von einer Attacke des Virus unberührt bleiben, desto schwieriger wird es für den Erreger, weitere „Anspielpartner" zum Infizieren zu finden. Dabei sind zwei Faktoren wichtig.

Erstens: Wie infektiös ist das Virus und wie viele weitere Menschen steckt ein Infizierter unter normalen Bedingungen an? Das ist der sogenannte Reproduktionsfaktor „r". Daraus lässt sich errechnen, wie viel Prozent der Gesamtbevölkerung immun sein müssen, damit eine Weiterverbreitung gestoppt wird. Beim SARS-2-Virus ging man eine lange Zeit von etwa zwei Drittel der Bevölkerung aus, das hängt aber auch davon ab, ob das Virus infektiöser wird oder sich abschwächt – damit würde sich eben auch der Reproduktionsfaktor „r" wieder ändern.

Der zweite wichtige Punkt zum Erreichen der Herdenimmunität ist die Wirksamkeit eines Impfstoffes. Wie effektiv verhindert er die Weitergabe von Viren? Das ist mitentscheidend dafür, wie schnell eine Infektionskrankheit eingedämmt werden kann – je besser der Impfstoff, desto schneller ist der Spuk zu Ende. Was im Falle von SARS-2 jedenfalls nicht geht, ist, ohne Impfstoff und ohne Schutzvorkehrungen darauf zu warten, dass ein Großteil der Bevölkerung immun wird. Es würde viel zu viele Menschen das Leben kosten.

Das Märchen von der Herdenimmunität ohne Gegenstrategien

„Es ist eine Infektionskrankheit wie jede andere. Wenige sterben daran und irgendwann sind eh alle immun." Dieser Satz klingt zunächst vernünftig und nachvollziehbar. In der Wissenschaft gilt aber die Devise: Was logisch klingt, muss sehr genau hinterfragt werden, denn unser Gehirn sucht zunächst nach den einfachen Lösungen – diese müssen aber nicht die richtigen sein. Und unser Gefühl sucht nach jenen Lösungen, die am wenigsten bedrohlich klingen – denn wir haben ein Schutzbedürfnis. Werden Thesen durch Fakten widerlegt, beginnt ein Verdrängungsprozess, um die emotionale Schutzzone nicht verlassen zu müssen. „Die Zahlen stimmen nicht! Wir werden sowieso alle belogen!" Hier kann und darf die Wissenschaft keine Glaubenssätze dagegenhalten, sondern überprüfbare Belege. Bei der von SARS-2 ausgelösten Lungenkrankheit COVID-19 war anfangs noch nicht erkennbar, welche Mortalität sie haben würde und wie viel Prozent der Erkrankten an ihr sterben würden. Was aber sehr schnell erkannt wurde: Diese Krankheit trifft vor allem ältere Menschen sehr schwer, und in dieser Altersgruppe ist die Sterblichkeit sehr hoch. Aber es gibt auch unter jüngeren Patienten sehr schwere Verläufe, die zum Tod führen können. Eines der ersten jungen Opfer war Li Wenliang (siehe S. 12ff.), jener chinesische Augenarzt, der sehr früh auf die Gefährlichkeit der Krankheit hingewiesen hatte und dafür von den chinesischen Behörden als „Panikverbreiter" abgestraft worden war. Er starb mit 33 Jahren an den Folgen von COVID-19. In Folge dessen warnten Ärzte immer eindringlicher vor der Gefährlichkeit des Erregers. Als im März die Pandemie in Italien grassierte, wurden die Spitäler und Intensivstationen regelrecht überwältigt von den vielen Patienten. Langsam dämmerte den meisten, dass dies keine herkömmliche Infektionskrankheit mehr sein konnte. Im Laufe einer Pandemie werden die Statistiken durch sehr viele Infizierte und Kranke genauer, weil sich Durchschnittswerte aus immer mehr verfügbaren Daten deutlich besser berechnen lassen. Bald war klar, dass COVID-19 um ein Vielfaches tödlicher ist als die herkömmliche Grippe, dass man in der Gesamtstatistik wohl damit rechnen muss, dass einer von hundert Infizierten sterben wird. Die genauen Werte wird man erst wissen, wenn die Pandemie irgendwann zu Ende ist. Fest steht, dass der Großteil der Verstorbenen sind jedenfalls alte Menschen, aber es kann auch jüngere Menschen treffen. Es sterben mitunter auch Dreißigjährige ohne jede Vorerkrankung. Und das passiert unter der Bedingung, dass möglichst viel für den Schutz der Alten gemacht und mit vielen Gegenstrategien das Infektionsgeschehen immer wieder eingebremst wird. Hätte es keine Kontaktreduktionen über Lockdowns gegeben, wären die Zahlen um vieles höher gewesen. Krankenhäuser und Intensivstationen waren selbst bei strengen Schutzvorkehrungen oft schon am Rande ihrer Möglichkeiten. Würde man die Pandemie unkontrolliert galoppieren lassen, würde auch das beste Gesundheitssystem kollabieren.

Pandemiologische Schwedenbombe – Sonderwege und Sackgassen

Anders Tegnell ist ein Schwede, wie sich viele Menschen Mitteleuropas einen Schweden vorstellen: kühl und abwägend, wenig gesellig und von seinem Weg nur schwer abzubringen. Um Letzteres zu beweisen, hatte er im Laufe der Pandemie viel Gelegenheit. Der 1956 geborene Mediziner ist der nationale Seuchenberater Schwedens und setzte von Beginn an auf eine eigene Strategie: Weder glaubte Tegnell an die Wirksamkeit von Masken, noch hielt er etwas von Kontaktbeschränkungen in der Öffentlichkeit. Es ist ein Spezifikum des skandinavischen Landes, den Bürgern möglichst viele Entscheidungen selbst zu überlassen. Verbote und Strafen sind nur das letzte Mittel, man setzt auf Freiwilligkeit. Zu Beginn der Pandemie ging das gründlich schief: In der ersten Welle unterließen es Schwedens Behörden, Pflegeeinrichtungen und Altersheime effektiv zu schützen. In Folge dessen gab es viele Tote in diesem Bereich. Bis Juni 2020 meldete Schweden bereits 4800 Tote – in Bezug auf die Bevölkerungsgröße ein Vielfaches der benachbarten Länder und jener Länder, die den Schutz der gefährdeten Alten und Kranken als oberste Priorität sahen. Dennoch galt Schweden für nicht wenige Menschen als Vorbild, weil man die Freiheiten sah, die Schweden seinen Bürgern trotz Pandemie noch immer ließ. In Schweden gab es sogar Menschen, die sich das Bild von Anders Tegnell auf die Hand tätowieren ließen, um ihm für seinen liberalen Kurs zu danken. „Na ja, um Infektionen zu vermeiden, finde ich Tätowieren nicht gerade schlau", knurrte der Chefepidemiologe seinem Fan entgegen.

Was in der Folge vielfach übersehen wurde, ist, dass Schweden seinen Kurs immer wieder nachkorrigierte. So wurde die Zahl an Menschen, die sich treffen durften, immer weiter nach unten korrigiert: Waren es zunächst noch 50, wurde die Höchstzahl im Herbst 2020 auf acht reduziert. Die Oberstufen der Schulen blieben geschlossen, die Sperrstunde von Lokalen und Restaurants wurde auf 20:30 vorverlegt, und Anfang 2021 wurde ein Gesetz verabschiedet, das eine behördliche Schließung von Geschäften und Einkaufszentren ermöglichte – von Freiwilligkeit und selbst gewählten Freiheiten hat man sich immer mehr entfernt. Die GPS-Daten von Mobiltelefonen lassen aber auch den Schluss zu, dass Schwedens Bevölkerung deutlich weniger im Land unterwegs ist und so zum Eindämmen der Seuche beiträgt. Tatsächlich begannen die Infektionszahlen und vor allem die Zahl der an COVID Verstorbenen zu fallen, die zweite und dritte Welle überstand das Land wesentlich besser als die erste, man hatte aus den Fehlern gelernt. Das geben auch führende Politiker zu, Schwedens König Carl Gustav bezeichnete den ursprünglichen schwedischen Weg durch die Pandemie als „gescheitert" – die Analyse aus den königlichen Gemächern war freilich eine Einschätzung, die spät genug kam und nicht berücksichtigte, dass die Strategie längst eine andere geworden war. „Lasst uns am Ende der Pandemie vergleichen, wer es besser gemacht hat", ist der Stehsatz von Anders Tegnell – eine Aufforderung, die ihm zumindest Zeit gibt, sein Modell nachzuschärfen und auch andere beim Scheitern zu beobachten, denn eines ist klar: Am Schluss wird kein Land diese Krise ohne Fehler bewältigt haben. Dennoch werden sich einige Politiker irgendwann für gravierende Fehleinschätzungen und Entscheidungen, die jeglicher wissenschaftlichen Grundlage entbehren, verantworten müssen.

„Alles nur ein kleines Grippchen", tönte Brasiliens Präsident Jair Bolsonaro noch im Sommer 2020, als er sich selbst mit dem Coronavirus infiziert hatte. Zu diesem Zeitpunkt steuerte Brasilien bereits auf 100.000 Corona-Tote zu, ein Vielfaches an Menschenleben sollte die Pandemie noch fordern, während der Präsident und überforderte Lokalpolitiker die Seuche weitergaloppieren ließen. Es mutet wie ein Treppenwitz der Geschichte an, dass viele führende Politiker sich irgendwann selbst infizieren mussten, um das Problem ernst zu nehmen. Der britische Premier Boris Johnson wurde erst nachdenklich, nachdem er wegen COVID selbst auf der Intensivstation gelandet war. Der damalige US-Präsident Donald Trump überstand seine Infektion dank überragender Ärzte und bestmöglicher Therapie, die für die Allgemeinheit zu diesem Zeitpunkt längst noch nicht zur Verfügung stand. Das Argument, es sei nicht abzusehen gewesen, darf nicht gelten: Auch Donald Trumps Seuchenberater Anthony Fauci hatte dem Präsidenten immer wieder öffentlich widersprochen und ihm vorgehalten, wissenschaftliche Erkenntnisse nicht ernst zu nehmen. Bolsonaro tauschte nach Pandemiebeginn innerhalb von einem Jahr dreimal den Gesundheitsminister aus. Beim letzten Wechsel im März 2021 waren bereits an die 300.000 Brasilianerinnen und Brasilianer an Corona verstorben. Dazwischen hatte ihnen Bolsonaro angebliche Wundermittel wie das Malariamedikament Chloroquin empfohlen – andere Staaten hatten es längst als unwirksam eingestuft. Das Ignorieren wissenschaftlicher und medizinischer Fakten durch Entscheidungsträger wird bei zukünftigen Pandemien wohl auch unter juristischen Aspekten zu diskutieren sein.

16. März 2020

An diesem Montag tritt in Österreich der erste Lockdown in Kraft.

Lockdown

Lock- und Shutdown, aus dem Englischen entlehnt, sind drastische Begriffe, mit denen Wissenschafter nicht besonders glücklich sind. Die hart klingenden Begriffe erzeugen bei Menschen durchaus ungute Gefühle – wenn nicht sogar Angst. In der englischen Sprache bedeutet „lockdown" Isolation aufgrund von Sicherheitsbedenken, zum Beispiel bei einem Terroranschlag, um Menschen in sicheren Zonen zu halten. Der „shutdown" steht für eine komplette Schließung – etwa einer Fabrik oder eines Geschäftes. Insofern ist der vielzitierte Lockdown während der Pandemie im Wesentlichen beides zusammen. Geschäfte sind zu, Menschen müssen zu Hause bleiben. Also Lockdown und Shutdown in einem.

Das Verständnis für die harten Maßnahmen zur Bekämpfung von COVID-19 ist in unserem Land im Herzen Europas nahezu unheimlich groß und geschlossen. Die Regierung spricht, die Menschen *folgen* den Worten des Kanzlers, des Vizekanzlers, des Gesundheitsministers und des Innenministers. Diese vier Herren werden als das *virologische Quartett* in die Journalistensprache eingehen. Rund 30-mal treten sie im ersten Jahr der Corona-Krise in dieser Besetzung medienwirksam auf.

Alles friedlich, alles einig in diesem März 2020 in dieser früher so gerne als „Insel der Seligen" bezeichneten Alpenrepublik. Sogar die parlamentarische Opposition trägt die Maßnahmen der Regierung mit, überhaupt alle Institutionen und selbst die Wirtschaft, die am meisten unter dem Lockdown leidet. Und auch die Österreicherinnen und Österreicher verhalten sich vorbildhaft – im Sinne des Einhaltens der Ausgangsbeschränkungen und sonstiger für uns alle neue Rückzugsgebote. Das geht so weit, dass das neidvolle Ausland (Österreich zählt beim Umsetzen der Anordnungen zu den Musterschülern) die „typische österreichische Seele" bemüht. So sind sie halt: obrigkeitshörig, inmitten ihrer Leere des Hinterfragens.

Ach, wie haben sie uns unterschätzt.

Denn diese Einigkeit währt nicht einmal drei Wochen.

Dazu war der „Fall Ischgl" zu groß geworden. Mittlerweile weiß man, dass eine enorme geografische Verbreitung des Virus ihren Ausgang in Ischgl und dem Paznauntal genommen hat. Das bestätigen auch genetische Analysen des Forschungszentrums für Molekulare Medizin (CeMM)[7]. Fest steht, dass trotz eindringlicher Warnungen das Skigebiet Ischgl zu spät „heruntergefahren" wurde. Das zeigt im Herbst 2020 der Bericht einer sechsköpfigen

Expertenkommission mit Vertretern aus Deutschland, der Schweiz und Österreich, die im Mai vom Tiroler Landtag eingesetzt worden war. Bereits am 3. März und damit acht Tage vor der WHO-Einstufung von COVID-19 als Pandemie seien in Mails aus Island an ein Hotel in Ischgl Hinweise gekommen, wonach Erkrankte zuvor in Ischgl gewesen seien. Laut diesem Bericht sind Tausende Corona-Infektionen in Europa auf Menschen, die in Tirol Urlaub gemacht hatten, zurückzuführen.

Driften, shiften, attackieren – Viren als launische Spitzensportler

Guten Athleten sagt man nach, dass sie sich auf jede Wettkampfbedingung einstellen können und bei Bedarf auch einmal neue Wege einschlagen, um ihr Ziel zu erreichen. Insofern sind Viren Extremsportler. Und würde man sie noch in Saisonen unterteilen, dann wären Viren eher Wintersportler – sie fühlen sich bei kühleren Temperaturen wohler. Das Grippevirus macht uns deshalb vor allem in den Wintermonaten zu schaffen. Auch das SARS-2-Virus fühlt sich in kühlerer Umgebung wohler. Es ist aber kein reiner Wintersportler, sondern kommt leider auch mit höheren Temperaturen gut zu recht. Damit zeigt sich einmal mehr: Wir haben es hier mit einer extrem anpassungsfähigen Erfindung der Natur zu tun, bei der immer wieder Veränderungen auftauchen. Die Wissenschaft hat bei den Viren zwei Methoden entdeckt, durch die das passiert, und das klingt schon wieder einigermaßen sportlich: „driften" und „shiften". Von „driften" sprechen Virologen, wenn das Virus einzelne Bausteine im Erbgut verändert oder löscht. „Shiften" hingegen bedeutet, dass ganze Abschnitte des Erbgutes verschoben werden. Das Ziel dieser

Veränderungen ist eindeutig: Sie sollen bewirken, dass das Virus der Immunabwehr leichter entkommt. Dies muss aber nicht einem raffinierten Plan folgen, es kann auch – nach allem, was wir bisher wissen – auf einen Fehler zurückzuführen sein. Denn eines ist klar: Das SARS-2-Virus ist alles andere als perfekt. Dennoch hat dieses Virus immer wieder Mutationen hervorgebracht, die auch erfahrene Mediziner nachdenklich machen. „Da muss ich als experimenteller Virologe schon schlucken", sagte Deutschlands Star-Virologe Christian Drosten. Was die Mediziner am meisten beschäftigt: Ist das Virus in der Lage, der Immunantwort zur Gänze zu entkommen und schafft es den gefürchteten „immune escape", also die Flucht vor den Gegenstrategien des Körpers? Virologen untersuchen das in Labors, und bringen neue Mutationen des Virus mit Antikörpern zusammen, die bei infizierten Menschen gegen den noch nicht mutierten „Wildtyp" gebildet wurden. Schaffen es diese Antikörper nach wie vor, das Virus zu bekämpfen? Die Medizin spricht von neutralisierenden Antikörpern, deshalb heißen diese Analysen „Neutralisationstests". Das sind allerdings nur erste Hinweise darauf, ob die Immunabwehr mit einer Mutante fertig wird. Im menschlichen Körper sind es aber nicht nur die Antikörper, die in die Schlacht ziehen, sondern auch verschiedene Fresszellen und Gedächtniszellen, die dem Immunsystem auf die Sprünge helfen (siehe S. 26ff., 52ff.).

Die Ereignisse in Tirol waren einer der Auslöser, weshalb die Regierung Türkis-Grün das Herunterfahren des gesamten Landes ab dem 16. März 2020 anordnete. Früher als es in ganz Europa der Fall war.

Als der Bundeskanzler sein Vorhaben seinen wichtigsten Vertrauten und danach auch seinem grünen Regierungspartner verkündete, soll ihm breite Fassungslosigkeit entgegengeblickt haben. Den Grünen gelingt nur noch, allen Österreicherinnen und Österreichern trotz Ausgangssperre das Recht auf den Abstecher ins Freie einzuräumen. Dieses „Wenigstens-spazieren-gehen-Können" soll die Bedingung zur Zustimmung zum Lockdown gewesen sein.

Österreich ist zu diesem Zeitpunkt auf vieles vorbereitet: von der Versorgungsknappheit bei Zwischenfällen aller Art bis zum Ersatzort für Fußball-Europameisterschaften. Auch auf Pandemien. Aber nicht auf diese. Die Pläne sind veraltet, die Vogelgrippe ist schon lange her, die damals in Übermaßen angekauften Schutzmasken will niemand mehr. Neue Krise trifft altes System. Kein österreichisches Problem.

Jetzt rächt sich, dass Europa seit Jahrzehnten zum Dienstleistungskontinent mutiert, dass Produktionen aus allen wichtigen Lebensbereichen nach Asien verlagert werden. Der Know-how-Transfer, also die *Übermittlung von Wissen an Dritte*, zeigt seine Kehrseite.

Fehlen uns 2020 etwa hochkomplexe Geräte? Mitnichten. Anfangs geht es um nicht mehr, aber auch um nicht weniger als nicht vorhandene Schutzausrüstungen in Spitälern, Arztpraxen, Pflegeheimen. Und wie führt man eine Maskenpflicht ein, wenn der Mund-Nasen-Schutz zur Pflichterfüllung fehlt?

Dennoch: Die Menschen nehmen der Politik ab, dass sie das Menschenmöglichste unternimmt, um sie zu schützen. Die Beliebtheitswerte des türkisen Bundeskanzlers klettern und klettern – aber auch die des grünen Neo-Gesundheitsministers Rudolf Anschober. Die Opposition kann nur fassungslos zusehen, wie die Regierung ihren Job erledigt und eine politische Zustimmung für Türkis-Grün von mehr als 60 % erklimmt. Davon 45 % für die ÖVP.

Ein kluger Schachzug in dieser Phase ist die intensive Kooperation der Regierung mit der Wissenschaft. Virologen werden zu TV-Stars, der Simulationsforscher und ehemalige ORF-Mann der Wissenschaft, Niki Popper, ebenso. Nur in einem Punkt will die Regierung nicht weichen: Geht es um die Verkündung von Neuem, tritt nach wie vor das (eben nicht) „virologische Quartett" aus vier Politikern auf. Ein schwerer Fehler, konstatiert schon damals die Vorsitzende der größten Oppositionspartei, SPÖ-Chefin Dr. Rendi-Wagner, selbst Virologin und früher zuständige Sektionschefin im Gesundheitsministerium.

Deutschland lässt da mehr zu. Namhafte Virologen dürfen (zumindest zum Teil) Erstbotschaften überbringen. Christian Drosten wird zum „Viren-Gott" des Landes. Was er sagt, zählt. Die Politik, allen voran Kanzlerin Angela Merkel, folgt ihm. Drosten ist seit 2017 Professor, Institutsdirektor an der Charité in Berlin und Chefvirologe im „Labor Berlin", dem größten Krankenhauslabor Europas.

30. März 2020

Gemeinsam mit der ZIB-Redakteurin und Moderatorin Simone Stribl führe ich ein Live-Interview mit Sebastian Kurz im ORF-Hauptabendprogramm. Eine Million Menschen sind dabei. Und plötzlich fällt der daraufhin immer und immer wieder zitierte Satz des Kanzlers: „Wir werden auch in Österreich bald die Situation haben, dass jeder irgendjemanden kennt, der an Corona verstorben ist."

An diesem 30. März habe Kurz die Sachpolitik verlassen, sagen die Kritiker. Ohne diese Angst machende Aussage wären die

Menschen nie so diszipliniert gewesen, meinen die Verteidiger dieser harten Worte, denen eine Woche später der Kanzler den Satz folgen lässt: „Hätten die Behörden nicht so gehandelt, wie sie es taten, hätten wir in Österreich bis zu 100.000 Tote erleben können."

Was war passiert?

Eine Tischvorlage hatte Politik gemacht. Zumindest wird das im Nachhinein von der Regierung so argumentiert.

Der Begriff Tischvorlage kommt ursprünglich aus dem Universitätsbereich und bezeichnet sowohl in der Hochschul- als auch in der Beamtensprache eine kurze Zusammenfassung (ein bis zwei A4-Seiten) eines Vortrages, die vorab an die Studierenden beziehungsweise Zuhörerinnen und Zuhörer verteilt wird. Sie dient der schnellen Informationsaufnahme, der nach dem Vortrag üblicherweise eine Diskussion und – im Idealfall – eine klare Entscheidung folgen.

Exakt zwei Wochen befindet sich Österreich bereits im Lockdown, als an diesem 30. März auf einem der jetzt mehr denn je benutzten Tische des Bundeskanzleramtes am Wiener Ballhausplatz die Tischvorlage „Stellungnahme zur COVID-19-Krise" landet. Ein Papier, das die Mathematiker Walter Schachermayer, Mathias Beiglböck, Philipp Grohs und Joachim Hermisson sowie der Populationsgenetiker Magnus Nordborg verfasst haben. Im Text heißt es laut Recherchen des science.ORF.at-Teams: „Sobald R0 (R-Null) längerfristig über 1 liegt, sagen Modelle für Österreich etwa 100.000 zusätzliche Tote voraus."

Die Forscher stellten also ein absolutes Worst-Case-Szenario dar, was wäre, wenn Österreich bis Ende des Jahres keine Maßnahmen setzen und keine Änderung des Verhaltens einfordern würde.

Den Experten wäre es jedenfalls sehr recht gewesen, hätte der Kanzler diese Zahl nie und nimmer gesagt. Auch von der Opposition hagelt es Kritik, weitere Experten und Medien werfen dem Kanzler bewusste Angstmache vor. Der Medienbeauftragte des Kanzlers, Gerald Fleischmann, der übrigens selbst eine Corona-Erkrankung überstanden hat, explodiert verbal förmlich noch immer, auch ein Jahr später, als er im Gespräch für dieses Buch auf die Kritik von damals angesprochen wird. „Wer heute glaubt, dass wir über alle Wellen gesehen ohne Maßnahmen um Vieles unter dieser Zahl von 60.000–100.000 Toten gelegen wären, hat doch noch immer nichts begriffen." Jedenfalls habe man in dieser Phase gewusst, erinnert er sich: „Du stellst dir täglich das Schlechteste vor und multiplizierst es mit 10, und eine Woche später weißt du, es ist noch schlechter gekommen, und alles, was du die Woche zuvor befürchtet hattest, wirkt die Woche später nur lächerlich, absurd und grotesk."

„Da haben wir zum ersten Mal gelernt, was exponentielles Denken sein wird", formuliert es der Kabinettschef des Kanzlers, Bernhard Bonelli. „Und wir wussten auch: Analog geht da gar nichts mehr. Wir brauchen zum Rückverfolgen von Infektionen digitale Hilfe. Aber da hat es an vielen Ecken und Enden gefehlt. Wir sind nun mal nicht China, sondern eine Demokratie. Wir können nicht alles und jeden permanent überwachen."

Das gesamte Krisenteam und auch wir vonseiten der Medien müssen beginnen, in Halbtagesrhythmen zu denken. Eine neue Fallzahl und alles Geplante kann wieder verworfen werden.

Das, was also nur zur internen Kommunikation gedacht war, hätte nicht an die Öffentlichkeit gelangen dürfen, sagt der Arzt Martin Sprenger, Mitglied der Corona-Taskforce der Regierung, und verlässt die Taskforce.

Auch das Verhältnis des Kanzlerteams zum Gesundheitsökonomen Thomas Czypionka kühlte ab, da er eine (datenschutzkonforme) Vernetzung von Gesundheitsdaten (Bund, Länder, Gesundheitskasse) verlangt hatte. Damit hätte man auf eine mögliche zweite Welle viel besser reagieren können, argumentierte er.

Zu diesem Zeitpunkt werden neuerlich türkis-grüne Risse sichtbar. Die ÖVP will mehr Zwang, die Grünen beharren auf Freiwilligkeit. Die wahre Zäsur aber reift in der Welt der Juristen. Dabei geht es anfangs um Grundsätzliches und erst später um Details.

Vier Wochen nach Inkrafttreten des ersten Lockdowns sagt der Kanzler in einer Pressekonferenz: „Die Gesetze und Verordnungen sind nicht auf Dauer. Ich bitte um etwas Nachsicht, da es eine Ausnahmesituation ist." Juristen sollten Fragen in diesem Bereich nicht überinterpretieren. Es gehe darum, dass die Maßnahmen eingehalten würden und die Republik funktioniere. „Ob alles auf Punkt und Beistrich in Ordnung ist, wird am Ende des Tages der Verfassungsgerichtshof entscheiden." Zu diesem Zeitpunkt würden die Maßnahmen aber ohnehin nicht mehr in Kraft sein.

Die Juristen sind empört. Und die Opposition wittert ihre erste Chance auf konkrete Kritik an der Bundesregierung, nicht ahnend, welch Ostergeschenk ihr der Gesundheitsminister noch machen würde.

1. April 2020

Wer auch immer es im Beamtenapparat des Gesundheitsministeriums konkret gewesen ist, der sogenannte Ostererlass vom 1. (!) April 2020 steht jedenfalls auf keinem juristischen Ruhmesblatt geschrieben. Verboten wurden Zusammenkünfte in geschlossenen

Räumen, an denen mehr als fünf Personen teilnehmen, die nicht im selben Haushalt leben. Nur fünf Tage später musste der Erlass wegen Gesetz- und Verfassungswidrigkeit einer solchen Anordnung von Gesundheits- und Sozialminister Rudolf Anschober zurückgezogen werden. Eigentlich hätte er bis einschließlich Ostermontag, den 13. April, gelten sollen. Der Polizei werde damit zum Zwecke des Schnüffelns Zutritt zu Privathaushalten gewährt, tobt die Opposition, es kommt zu Formulierungen, dass so nur Autokraten mit chinesischen Allmachtsfantasien regieren würden.

Der Bruch zwischen Regierung und Opposition ist vollzogen. Von diesem Osterei wird sich das politische Klima im Land nicht mehr so schnell erholen.

17. April 2020

In einem hart geführten Juristenduell zwischen den Universitätsprofessoren und Ex-Politikern Andreas Khol von der ÖVP und Alfred Noll (früher Liste Pilz) fliegen live im Fernsehen die Gesetzesfetzen. Khol verteidigt die Corona-Gesetze der Regierung, Noll zerlegt sie und versteigt sich sogar zur Aussage, dass Khol zu alt sei, um diese neue Gesetzeslage beurteilen zu können.

Ein erstes Stimmungsbarometer für die kommenden Mai-Tage. Denn weitere rechtliche Pannen folgen, und rund um die Frage, wann denn einem Lockdown auch Lockerungen folgen würden, wird es erst so richtig ungemütlich. Wer öffnen darf und wer nicht, das bewegt nicht nur Österreich, sondern die gesamte Welt, da die Prognosen für die Wirtschaftslage immer düsterer werden.

Mai 2020

Ist die Prioritätensetzung „Gesundheit – Wirtschaft und Arbeitsplätze – Bildung – Kultur & Sport" anfangs für einen Großteil der Bevölkerung zumindest einigermaßen nachvollziehbar, so ändert sich das ab Mai.

In den USA macht ein Gouverneur mit der Aussage auf sich aufmerksam, dass man für ein ordentliches Wirtschaftswachstum, das natürlich ein Öffnen des gesamten ökonomischen Kreislaufes bedeuten würde, in Kauf nehmen müsse, dass alte Menschen an Corona sterben würden, und ergänzt auf Nachfrage: „Natürlich meine ich da auch mich. Schließlich geht es auch um meine Enkel."

Diese menschenunwürdige Debatte setzt in Europa ebenso ein. Kaum in Form öffentlicher Statements, aber zusehends in virtueller. Jedes Leben ist gleich viel wert. Wer das infrage stellt, muss sich fragen, wo sie oder er selbst steht.

Auch eine andere Diskussion beginnt. Wird es zur „Triage" kommen wie in Italien?

Triage – der Horror der Mediziner

Es ist der 17. März 2020, als im städtischen Krankenhaus von Cremona in Italien die Ärztin Francesca Mangiatordi nach zwölf Stunden Dienst mit geröteten Augen leise vor sich hin spricht: „Wir haben unsere Würde verloren." Auf den Gängen des Krankenhauses stehen fünfzehn Betten mit Patienten, für alle zusammen gibt es eine Toilette. Seit einem Monat kämpft Mangiatordi gegen einen Gegner, der keine Gnade kennt. „Wir haben kaum Waffen, das Virus hat alle", sagt sie. Längst sind die Mediziner dazu übergegangen, die berüchtigte Triage anzuwenden: Es wird, so sagen erfahrene Notfallmediziner, schlussendlich fast immer nach dem Alter entschieden, welcher Patient noch behandelt wird und welcher nicht mehr, weil die Ressourcen am Ende sind. Einem Besucher erklärt die Ärztin einen aktuellen Fall: „Der ist 35 – die andere ist 85. Wir müssen entscheiden. Natürlich wird es der 35-Jährige sein, dem wir helfen. Solche Entscheidungen treffen wir seit einem Monat." In Oberitalien ist zu diesem Zeitpunkt das Gesundheitssystem zusammengebrochen. Fassungslose Fernsehzuschauer sehen Bilder von Militär-Lkws, die Leichen abtransportieren, weil die örtlichen Krematorien vollkommen überlastet sind. Es sind diese Aufnahmen, die regelrechte Schockwellen in der Bevölkerung und in der Politik auslösen. Wer es bis dahin noch nicht glauben wollte, sieht es jetzt überdeutlich: Das ist nicht die „etwas heftigere Grippe", die da wütet. Hier hinterlässt ein Erreger ein Schlachtfeld im Körper und in der Folge in den Krankenhäusern. „Alle Bilder von Lungen aus dem Computertomografen sehen gleich fürchterlich aus", konstatiert die Ärztin Mangiatordi beim Blick auf eine Aufnahme. Nebenan kämpft der 18-jährige Mattio um sein Leben – er hängt am Beatmungsgerät. Leider trifft es auch sehr Junge oft mit aller Härte.

Er wird es überleben – einer der wenigen Lichtblicke für das medizinische Team auf der Intensivstation in Cremona, das so oft machtlos ist. Doch der Patientenzustrom will kein Ende nehmen. Als nach vielen Wochen die Station endlich einmal nicht mehr voll belegt ist, geht ein Bild um die Welt: Zwei Krankenschwestern klatschen sich mit den Händen ab und feiern einen Etappensieg. Eine Ärztin betritt nach einigen Wochen wieder das Krankenhaus: Sie hatte sich infiziert, aber die Krankheit in Quarantäne auskuriert. Die junge Frau fällt einer Kollegin in die Arme. Beide weinen vor Glück oder Verzweiflung – wie so oft in dieser Zeit ist das nicht leicht auseinanderzuhalten.

Das Sichtungsverfahren „Triage" kommt aus dem Militärwesen. Konkret wurde das Verfahren erstmals 1934 von zwei französischen Ärzten anhand bestimmter Sichtungskategorien definiert und detailliert systematisiert. Aber die Anfänge gehen auf den französischen Arzt Dominique Jean Larrey (1766–1842), Militärchirurg und persönlicher Leibarzt von Napoleon I., zurück. Er soll schon am Schlachtfeld entschieden haben, welchem Patienten bei einer lebensbedrohlichen Verletzung durch eine Amputation das Leben gerettet werden könne. „In dieser Zeit entstand auch das System der Krankenzerstreuung, um die vielen Verwundeten in verschiedene Lazarette aufzuteilen."[8]

Für Österreich sei Feldmarschall Josef Wenzel Graf Radetzky von Radetz ein berühmtes Beispiel. Er habe das System 1848 in Italien angewandt. Das Krankenzerstreuungssystem habe sich bis in den Ersten Weltkrieg bewährt und die Triage in der Kriegsmedizin immer mehr durchgesetzt, sagt die Militärhistorikerin Daniela Angetter. Nach dem Zweiten Weltkrieg ist das Triage-System zunehmend im zivilen Bereich angewendet worden. „Vor allem in der präklinischen Notfallmedizin, also draußen im Rettungswesen, ist Triage ein ganz wesentlicher Bestandteil für die ersten Minuten bei allen Großschadensereignissen."[9] Dieses heute so oft zitierte Verfahren kennt man übrigens auch in Krisensituationen nach Schiffsunfällen. *Der Kapitän geht als Letzter von Bord* und *Frauen und Kinder zuerst.*

Im medizinischen Sinne ist unter Triage also eine Priorisierung medizinischer Hilfeleistungen bei knappen Ressourcen zu verstehen. Es geht hier nicht um ein gesetzlich kodifiziertes Verfahren, sondern um die Entscheidung: Wen lasse ich aufgrund fehlender Ressourcen zuerst sterben und wen kann ich noch behandeln? In Italien, Spanien und den USA mussten Ärztinnen und Ärzte diese Entscheidungen bereits treffen. Wie in einem Krieg.

Ein Krieg gegen ein Virus.

Virus, Virus, gib mir meine Legionen wieder

Es war der römische Kaiser Augustus, der von seinem Heerführer Varus nach einer historischen Niederlage gegen die Germanen forderte: „Varus, Varus, gib mir meine Legionen wieder!" Im Teutoburger Wald konnten die römischen Legionäre mit den versteckt agierenden Germanen nicht mithalten. Im menschlichen Körper sind auch viele Legionen an Antikörpern und Abwehrzellen in Stellung, um Krankheitserreger zu erkennen und auszuschalten. Sieht man sich an, was das SARS-2-Virus im menschlichen Körper anrichten und wie es die Immunabwehr überwinden kann, so wäre es nicht verwunderlich, wenn ein Patient angesichts seines Zustandes seufzen würde: „Virus, Virus, gib mir meine Legionen wieder." Das Tückische an Viren ist, dass sie nicht mit offenem Visier kämpfen, sondern sich mit einer Art Tarnkappe einschleichen und erst im letzten Moment ihr wahres Gesicht zeigen, ihr Oberflächenprotein freilegen und mit dessen Hilfe in Körperzellen eindringen. Mit dieser Überrumpelungstaktik können sie das Immunsystem überlisten, das dann oft zu spät reagiert. Es ist ähnlich wie bei den Römern: In offener Feldschlacht wären die

Germanen chancenlos gewesen, durch ihre Partisanentaktik und geschickte Tarnung trafen sie die römische Armee aber genau am wunden Punkt – die Ordnung kam abhanden, die Abwehr brach zusammen. Diese Gefahr besteht auch beim Immunsystem, wenn es den Gegner zu spät erkennt. Darauf kann noch ein weiteres Problem folgen: Nachdem das Immunsystem das Virus spät, aber doch als Feind enttarnt hat, beginnt es in manchen Patienten wild um sich zu schlagen, um die Lage doch noch unter Kontrolle zu bringen. Mediziner nennen diesen gefürchteten Krankheitsverlauf „Immunsturm". Der Körper richtet sich in seiner Verzweiflung gegen sich selbst, das führt zu Organschäden, Nervenschäden und vielem mehr, es kann sogar zum Tod führen. Auch das hat seine Entsprechung in der oben erwähnten Geschichte: Der glücklose Heerführer Varus stürzte sich ins Schwert.

Die Spione und Kampfeinheiten des Immunsystems

Stellt man sich den Körper als eine Landschaft mit Bergen, Schluchten und versteckten Winkeln vor, würde das ungefähr so aussehen: An den Außengrenzen sind alle paar Meter Aufklärer postiert, die mit Feldstechern nach Eindringlingen Ausschau halten. Entdecken sie etwas Verdächtiges, rufen sie die nächste Abteilung und fragen: „Schau mal, dieser komische Typ, hast du den schon einmal gesehen?" Diese Abteilung wird im Infektionsfall sagen: „Nein, den kennen wir noch nicht, wir fragen einmal im Verteidigungsministerium nach." Dort tritt dann der Generalstab zusammen, analysiert die Lage und entscheidet: Der Typ hat versteckte Waffen mit, wir brauchen eine bessere Schutzausrüstung und Abwehrraketen – und zwar sofort und maßgeschneidert. Aus medizinischer Sicht bedeutet das: Immer, wenn ein neuer Erreger, ob jetzt Bakterium oder Virus, im Körper auftaucht, bringt er sogenannte Antigene mit – die haben nichts mit Genen zu tun, sondern die Bezeichnung kommt aus dem Englischen und ist die Abkürzung für „antibody generating", das heißt, durch ihr Auftauchen wird die Bildung von Antikörpern ausgelöst. Jeder Eindringling hat einzigartige Antigene, die für ihn charakteristisch sind. Weil unser Körper im Laufe der Evolution gelernt hat, dass es wichtig ist, möglichst schnell zu wissen, mit wem man es zu tun hat, wurden sogenannte „antigenpräsentierende Zellen" entwickelt. Das wären in unserem Beispiel von oben die Aufklärer mit den Feldstechern. Sie reportieren an die sogenannten T-Zellen, und diese sind wiederum unterteilt in Spezialabteilungen mit besonderen Fähigkeiten. Die T-Zellen-Abteilung CD4 (steht für: cluster of differentiation 4) ist so etwas wie die Alarmabteilung, die einen gefährlichen Eindringling meldet und die Abwehr einleitet. Und ganz wichtig: Diese Abteilung ist auch gleichzeitig das Sicherheitsbüro, das sich die Merkmale des Erregers merkt und ihn in die Fahndungsdatenbank des Immunsystems aufnimmt. Darum werden CD4-Zellen auch Gedächtniszellen genannt. Bei einem Alarm stockt das Immunsystem diese Abteilung gleich auf das Zehn- bis Hundertfache auf. Die Alarmabteilung CD4 hat dann die Möglichkeit, eine andere T-Zellen-Abteilung zu aktivieren, zum Beispiel die Abteilung CD8 (cluster of differentiation 8) – das ist so etwas wie eine Antiterroreinheit mit der Lizenz zum Töten –, auch sie merkt sich den Gegner für eine längere Zeit. Wegen ihres doch sehr entschlossenen Vorgehens heißen sie auch „Killerzellen". Die Alarmabteilung CD4 kann aber auch eine andere Abteilung auf den Plan rufen, die ganz spezifisch auf den Eindringling reagiert: die B-Zellen. Diese

Unterabteilung produziert maßgeschneiderte Antikörper gegen den unerwünschten Besucher. Für diese Maßanfertigung und eine ausreichende Stückzahl davon benötigen die B-Zellen in der Regel ungefähr zwei Wochen – das heißt, da kann wertvolle Zeit vergehen. Antikörper ist aber nicht gleich Antikörper, da entstehen wieder unterschiedliche Einheiten. Wichtig sind die sogenannten „neutralisierenden" Antikörper. Sie hindern das Virus daran, in die Körperzellen einzudringen. Andere Antikörper heften sich zwar auch an die Fersen des Virus, aber sie sind nicht so effektiv. Wenn im Labor nach Antikörpern gesucht wird, wird deshalb ein soge-nannter Neutralisationstest gemacht, das heißt, man schaut nach, ob es neutralisierende Antikörper gibt, die in die Schlacht ziehen. Interessant ist dabei, dass es immer wieder passiert, dass in den Laborproben von Menschen, die die Infektion überstanden haben, keine neutralisierenden Antikörper gefunden werden. Da haben die Killerzellen schon aufgeräumt, und die Antikörper spielen keine große Rolle. Bei der Immunabwehr ist also ein Zusammenspiel zwischen Antikörpern und Abwehrzellen der Weg zum Erfolg. Wenn jetzt bei Genesenen nur wenige oder gar keine Antikörper gefunden werden, alarmiert das Mediziner noch nicht. Es ist ja gut möglich, dass die (wesentlich stärkere) zelluläre Abwehr über die T-Zellen anspringt, wenn es notwendig sein sollte. Auch wenn die Wirkung von Impfungen auf Mutationen im Labor zeigen sollte, dass die Antikörper nicht mehr so effektiv sind, können immer noch die T-Zellen als erprobte Kampfeinheit das Match gewinnen. Das ist gerade bei Atemwegserkrankungen wie der Grippe ein Phä-nomen, das für Virologen klar erkennbar ist.

„Das vergess ich dir nie" –
das Immunsystem ist ein (Baby-)Elefant

Würde man die Fahndungskartei des Immunsystems in einer Galerie ausstellen, bräuchte man ein großes Museum. Noch vor der Geburt bekommen wir alle eine Grundausstattung mit, um gegen bestimmte Infektionskrankheiten immun zu sein. Der Embryo kriegt das von seiner Mutter als „Leihimmunität" mit – übertragen über die Plazenta. Die Medizin hat hier wieder einmal ein schräges Wort dafür gewählt, das man eher bei Ornithologen verorten würde: Nestschutz wird diese Funktion genannt – irgendwie ja nachvollziehbar, was gemeint ist, vielleicht sollen wir auch daran erinnert werden, dass wir nur Tiere sind. Jedenfalls ist dieser Nestschutz unsere Grundausstattung, die uns einmal über die ersten Runden des irdischen Daseins bringt. Jetzt stellt sich natürlich die Frage: Wie ist das bei Frauen, die mit SARS-2 infiziert waren? Können sie ihre Immunität an das Kind weitergeben? Untersuchungen an 1500 Schwangeren in den USA haben diesbezüglich für Klarheit gesorgt. Zunächst wurde Blut aus der Nabelschnur der Schwangeren untersucht, und es zeigte sich, dass bei 83 Frauen offenbar eine Infektion stattgefunden hatte – man fand entsprechende Antikörper. Bei 63 Kindern dieser Frauen konnten im Blut ebenfalls Antikörper nachgewiesen werden. Die Immunantwort wurde also bei einem Großteil übertragen. Doch diese hält nicht ewig. Nach einigen Monaten ist Schluss mit Mamas edlen Gaben, und wir müssen selbst Antikörper und Abwehrzellen bilden, die uns für den Rest unserer Tage böse Dinge vom Leib halten sollen. Und da hat sich eine andere Mama, nämlich Mutter Natur, etwas einfallen lassen, das es möglich macht, nicht immer wieder von der gleichen Plage heimgesucht zu werden: die Immunität über ein Gedächtnis des Immunsystems. Sobald etwas im Körper auftaucht, das Verdacht erregt, kommt die Untersuchungsabteilung angerückt, beginnt mit der peinlichen Befragung und schickt die Exekutive (siehe S. 52ff.). Sind einmal Antikörper vorhanden, fängt oft ein Katz-und-Maus-Spiel an. Erreger, die vom Immunsystem erfolgreich ausgebremst wurden, suchen einen Weg, um diesen Antikörpern zu entgehen. Sie mutieren. Und das bereitet Probleme (siehe S. 40f., 188ff.)

Der Krieg gegen das Virus scheint mit dem beginnenden Sommer gewonnen zu sein. Die warme Jahreszeit naht, und die Europäer denken wieder an das Meer. Auch wenn es sich einfach gestaltet, einen Urlaub zu buchen, so ist Sicherheit selbst im teuersten All-in-Paket nicht enthalten. Weder die Sicherheit darüber, ob einem die Quarantäne erspart bleibt, noch, ob die Fluglinie die Strecke hält, die sie verspricht, und besonders nicht jene Sicherheit über die Fallzahlen im gewählten Urlaubsland. Diese können bei der Buchung im tolerierbaren Bereich liegen und kurz vor Reiseantritt explodiert sein.

Das betrifft nicht nur Destinationen im Ausland, sondern auch Regionen in Österreich, man denke an St. Wolfgang in Oberösterreich, das zum Corona-Hotspot wurde. Der Tourismus wird im Ferienland Österreich eines der ökonomischen Hauptopfer des Landes, macht er doch unglaubliche fünfzehn Prozent des gesamten Bruttonationalprodukts aus.

Sommer 2020

Optimismus verdrängt Wissenschaft. Wir kennen das aus eigenen Erfahrungen, etwa mit Erkrankungen. Kaum geht es uns eine Spur besser, eröffnet sich schon die Möglichkeit zum Marathon. Eben noch voller Angst um die eigene Gesundheit, schon stürmt einem die Normalität entgegen. Aber ist es überhaupt Zeit und rechtens, wieder Unbeschwertes anzudenken, Sommergefühle zuzulassen? Wir kennen die Antwort. Wir haben uns zu früh gefreut.

Warum wir alle so naiv sind

Wer zum Arzt geht, kennt das: Oft ist man ratlos, wie kompliziert die Sprache der Medizin ist, manchmal wundert man sich aber auch, welche einfachen Begriffe für komplizierte Zusammenhänge verwendet werden. „Da brauchen wir nichts Adjunktives, wo sollten wir denn intervenieren, das ist idiopathisch", sagte mir einmal ein Internist. Vielleicht sollte es beeindruckend klingen, weil der Inhalt so banal war. Übersetzen könnte man es so: „Nix Schlimmes, keine Ahnung, woher es kommt." Im umgekehrten Fall könnte eine Virologin sagen: „Das Problem ist, dass Sie da vollkommen naiv sind." Sie meint damit nicht, dass sie von jemandem glaubt, er sei schwer von Begriff. Sie will damit sagen: Mit dieser Infektion war diese Person noch nie konfrontiert, das ist eine komplett neue Erfahrung für diesen Körper. Und da wir doch alle über einen ähnlichen Organismus verfügen, kann es auch sein, dass eine ganze Gesellschaft naiv ist – immunologisch naiv. Im Falle von SARS-2 könnte man jetzt sagen: Es handelt sich um ein neues Virus, das noch nie da war, also sind wir alle in diesem Zusammenhang noch naiv. So einfach ist das aber nicht. Denn das SARS-2-Virus kommt nicht aus dem Nichts. Es gehört zu den Coronaviren, einer sehr unübersichtlichen Familie im Reich der Viren insgesamt. Lange hat man diese Corona-Familie für einen eher gutmütigen Familienverband gehalten, der bei uns Menschen hin und wieder Erkältungen verursacht – also eher so eine lästige Verwandtschaft, die immer wieder einmal ungebeten vorbeischaut und für einige Tage Beschwerden macht. Dass diesem Stammbaum aber auch ungute Früchtchen entspringen können, zeigte sich 2002, als in China plötzlich ein Coronavirus auftauchte, das eher einem sizilianischen Mafia-Clan zuzuordnen war. Es brach in Intensivstationen ein – und es tötete. Weil dieses Virus schwere Lungen- und Atemprobleme auslöste, tauften es die Mediziner SARS – die Abkürzung für „severe acute respiratory syndrom" –, also ein schwerwiegendes, akutes Syndrom an den Atemwegen. Dass es hochinfektiös war und das Potenzial für eine Pandemie hatte, war den Wissenschafterinnen und Ärzten sehr bald klar. Und die Behörden reagierten. So wurden in Peking ab dem 23. April 2003 sämtliche Grundschulen geschlossen, um Übertragungen zu verhindern. Drei Tage später wurden Theater, Diskotheken und Vergnügungsbetriebe gesperrt. Das Virus breitete sich dennoch bis Kanada aus, aber im Sommer 2003 fielen die Infektionszahlen weltweit kontinuierlich. Schlussendlich waren insgesamt 774 Menschen an den Folgen der Infektion gestorben – aber immerhin: Man hatte eine größere Pandemie verhindert. Als im November 2019 im chinesischen Wuhan ein neues Virus auftauchte, das ebenfalls wie das bereits bekannte SARS-Virus aussah und ähnliche Krankheitssymptome auslöste, waren Mediziner alarmiert und erinnerten sich an die SARS-Epidemie 2003 (siehe S. 14 ff.). Deshalb erhielt das neue Virus den Namen SARS-2.

Geht man jetzt davon aus, dass sehr viele Menschen bereits Kontakt mit der Familie der Coronaviren hatten und einige auch mit dem SARS-1-Virus, könnte das doch bedeuten, dass bei vielen das Immunsystem schon so etwas wie eine Erinnerung an den Feind hat. Das könnte ja heißen: Der Körper kennt diesen Erreger und kann auf sein Abwehrwaffenarsenal zurückgreifen – wir wären also nicht mehr ganz so naiv ... Es hat sich aber gezeigt: Auch wenn Antikörper gegen Coronaviren bereits im Körper vorhanden sind, vor einer Infektion mit SARS-2 schützen sie leider nicht, und sie verhindern auch keine schweren Verläufe. Die bereits vorhandenen Antikörper gegen andere Coronaviren können sogar Probleme machen, vor allem in der Diagnostik: Besonders zu Beginn der Pandemie schlugen viele Tests auf das Virus an, weil die Tests nicht genau genug auf den SARS-2-Erreger ausgerichtet waren (siehe S. 94 ff.). In der Virologie spricht man von einer Kreuzreaktion. Der Test schafft es nicht, zwei ähnliche, aber eben nicht gleiche Antikörper auseinanderzuhalten. Ein Lawinensuchhund, der unter jedem Schneehaufen einen Verschütteten erschnüffelt haben will, ist auch nicht besonders hilfreich.

Fallende Infektionszahlen

Der Druck der Öffentlichkeit, oft auch der Opposition, für die es zu verführerisch ist, die aktuelle Befindlichkeit im Volk nicht nur zu treffen, sondern sie noch zu verstärken, ist zu groß. Und das gilt nicht nur für Österreich, sondern für jede Regierung, egal, ob links, Mitte-links, rechts oder Mitte-rechts. Nach harten

Maßnahmen die richtigen Entscheidungen zu treffen, ist meist ein Ringen mit allen. Den einen gehen die Lockerungen viel zu schnell (Virologen und anderen Naturwissenschaftern), den anderen zu langsam (Wirtschaft). In Krisenphasen wie diesen treten dann auch die Parteistrategen auf den Plan. Und die sind, wie man zur Genüge weiß, in Türkis so gar nicht zimperlich. Und zum Problem wird die Sache schließlich, wenn man sich innerhalb einer Partei nicht auf eine gemeinsame Sprachregelung zum Beispiel bezüglich der Schulöffnung einigen kann.

Im Sommer 2020 sind die Zeiten des Gemeinsam-an-einem-Strang-Ziehens jedenfalls vorbei. Die Regierung aber ist mit ihrer nun schon vier Monate andauernden Corona-Politik recht zufrieden – auch wenn sie mit dieser Selbstzufriedenheit immer mehr allein dasteht.

„Ein Land klopft sich auf die Schulter und verpasst ein Zeitfenster für Reparaturen", wird am Jahresende die österreichische Tageszeitung „Die Presse" schreiben. Und: „Der Regierung geht es nicht nur um die Wirtschaft. Denn, so lautet die Überlegung: Wer sich im Ernstfall die Zustimmung der Bevölkerung sichern will, kann nicht strenge Regeln aufrechterhalten, wenn das Verständnis dafür fehlt. Eine Maskenpflicht bei 30 Grad könnte bloß zornig machen, fürchtet man."[10]

Die Zahlen geben der Regierung recht. Sie fallen und fallen, obwohl die Regierung öffnet und öffnet: von 1321 Corona-Fällen am 26. März 2020 auf 55 Fälle am 6. Juni 2020. Aber auf den Tag genau fünf Monate nach dem Rekordtag am 26. März liegt Österreich am 26. August wieder bei 327 Fällen.[11]

Zweite Welle? Aber nein, das ist die beginnende Rückkehr aus den Urlaubsländern. „Das Virus kommt mit dem Auto nach Österreich", sagt Bundeskanzler Sebastian Kurz am Sonntag, den 16. August vor Journalisten und meint damit die „besorgniserregenden Entwicklungen in den Ländern des Westbalkans", die ja auch „sehr beliebte Reiseziele für Österreicher, die ans Meer fahren", seien. Und erstmals fallen die Worte: zweiter Lockdown. „Ich habe eine große Bitte an die Bevölkerung: Bitte, seien Sie vorsichtig. Die Zahlen steigen wieder, die Corona-Pandemie ist noch nicht überstanden, und wir müssen alles tun, um die Gesundheit in Österreich zu schützen, vor allem aber auch, um einen zweiten Lockdown zu verhindern, damit nicht Arbeitsplätze und die Wirtschaft gefährdet sind."[12]

Gleichzeitig wächst die ÖVP-Kritik an Gesundheitsminister Rudolf Anschober, man versichert zwar all jenen Journalisten, die das mit den neuen Top-Beliebtheitswerten des „grünen Rudi" in Verbindung bringen, dass das absoluter Schwachsinn sei, im Gegenteil, man habe maximales Interesse daran, dass der Koalitionspartner stark bleibe, aber auch die Opposition wirft sich auf den Stimmungsumschwung. „Die Gesundheitsbehörden haben keine 15.000 Tests pro Tag versprochen. Die Gesundheitsbehörden haben auch keine Ergebnisse binnen 24 Stunden nach der Testung versprochen. Das waren Ankündigungen der Regierung", entgegnet NEOS-Gesundheitssprecher Gerald Loacker. „Und – kleine Erinnerung: Kurz ist Chef dieser Regierung. Er soll also bitte aufhören, dem Koalitionspartner und der Öffentlichkeit Dinge über die Medien auszurichten und zu ‚fordern', er soll endlich tun. Als Kanzler muss er seine Koordinierungsfunktion wahrnehmen!"[13]

Tatsächlich gehen die Stimmungstemperaturen in der Koalition seit Beginn des türkis-grünen Projekts deutlicher nach unten und drehen Richtung kühl. Das Einzige, das wieder steigt, sind die Corona-Fallzahlen.

Der Sommer hatte weltweit eine trügerische Sicherheit vermittelt. Nichts hatten die Regierungen so gut im Griff, wie sie es der Bevölkerung Glauben machen wollten. Es sei die Saisonalität gewesen[14], meinen im November 2020 die Forscher des Complexity Science Hub Vienna (CSH) Peter Klimek und Stefan Thurner. Wenn alle draußen wären, würde sich die Ansteckungsgefahr Richtung null reduzieren. Es sei denn, man würde Massenpartys feiern und auch sonst auf nichts mehr von Abstand bis Verstand achten. Und so ist es denn auch – in so manchen Urlaubsdestinationen, von Kroatien bis St. Wolfgang.

Tracing und racing

Als im Februar 2020 die ersten Corona-Fälle in Österreich registriert wurden, lernten die Menschen über die Medien einen Begriff kennen, den sie bis dahin höchstens aus einem Tatort kannten: „Contact tracing" – das Zurückverfolgen von Kontakten, um festzustellen, wo eine Infektion ihren Ausgang genommen haben könnte. Für Kriminalisten nicht ganz so neu, versuchen sie doch auch bei Morden und anderen Verbrechen die Kontakte zwischen Verdächtigen und dem Opfer zu ermitteln.

Der Simulationsforscher Niki Popper kennt das Problem schon viel länger als seit dem Beginn der Pandemie: „Das mit den Kontakten und den daraus entstehenden Infektionszahlen ist nicht so einfach zu vermitteln. Und es gibt halt auch immer wieder welche, die glauben, mit einer Excel-Tabelle und einer selbst gebastelten Hochrechnung sei es getan. Es ist leider viel, viel komplexer." Popper ist durch die Corona-Krise zu einem Star geworden – seine eigenwillige Frisur mit wild abstehenden Haaren ließ vermuten, er sei ein zerstreuter Professor. Doch genau das Gegenteil ist der Fall. Kaum einer schafft es, in

TV-Analysen und Interviews die kritischen Bereiche der Berechnungen so auf den Punkt zu bringen wie der TU-Absolvent, der mit seiner Firma „drahtwarenhandlung" schon seit vielen Jahren die jährlichen Grippewellen vorausberechnet und analysiert. Eine Botschaft stellte der kluge Rechner von Anfang an immer wieder in den Mittelpunkt: Es muss schnell gehen. „Wenn du beim Herausfinden der Kontakte zu langsam bist, kannst du nur noch zusehen, wie dich das Virus überrollt", meint Popper. Er kann das an seinen Simulationsmodellen eindrucksvoll beweisen. Zu Beginn der Pandemie war es sicher auch ein Problem des Personals. Es gab einfach zu wenige Menschen, die für das Contact Tracing eingesetzt werden konnten. Einig sind sich aber alle Experten darin, dass im späteren Verlauf in Österreich zu wenig darauf geachtet wurde, die Kapazitäten zu erhöhen. Und wenn dann Infektionsherde auftauchten, wurde es immer schwieriger, sie zurückzuverfolgen. Das ist wie mit Dominosteinen: Kaum glaubt man, die Kettenreaktion gestoppt zu haben, fällt irgendwo wieder ein Stein um und startet die nächste Reihe. Hier geht es darum, die Auslöser möglichst schnell zu finden und aus dem System herauszunehmen. Denn wenn einmal zwei, drei Reihen gleichzeitig starten, kommt man mit dem Abbremsen fast nicht mehr nach. Als die Pandemie im Herbst 2020 zu einer neuen Welle ansetzte, konnten drei Viertel der Kontakte nicht mehr nachvollzogen werden. Damit ist klar: Diese Strategie muss aufgegeben werden. Man muss auf ein System umstellen, mit dem man die verwundbarsten Gruppen wie Alte und Kranke schützt und das Contact Tracing nur noch bei großen Infektionsherden anwendet. Und auch da gilt: Das muss gut koordiniert werden und es muss schnell gehen. Tracing means racing, sagen Forscher: Das Ausforschen der Infektionsketten ist ein Rennen gegen die Zeit.

Cluster-Fahndung

Die Kriminalistik kennt die Rasterfahndung, bei der verschiedene Informationen aus Datenbanken zusammengeführt werden, um so durch eine Schnittmenge von Merkmalen eine gesuchte Person möglichst präzise definieren und finden zu können. Bei der „Cluster-Fahndung" geht man den umgekehrten Weg: Man findet eine infizierte Person und versucht zurückzuverfolgen, wo sie sich angesteckt haben könnte, wie viele Menschen beteiligt waren und wo der Ursprung des Infektionsherdes war. Die Medizin definiert den „Patient Null", von dem alles ausgegangen ist. Im Falle des Corona SARS-2-Virus war das mit größter Wahrscheinlichkeit eine Person auf einem chinesischen Markt, bei der zum ersten Mal das tierische Coronavirus auf einen Menschen übergesprungen ist. Von dem aus hat es sich dann explosionsartig ausgebreitet und die Pandemie in Gang gebracht. Hätte man den ersten „Cluster" (englisch: Zusammenballung, Traube) an infizierten Menschen sofort erkannt, wäre die weitere Ausbreitung zu verhindern gewesen. Nur wusste das zu diesem Zeitpunkt niemand, und frühe Warnungen wurden leider ignoriert (siehe S. 12ff.). Das Problem bei diesen Clustern ist, dass diese schnell an Größe gewinnen und kaum noch zu überblicken sind. Die chinesische Regierung reagierte, nachdem sie das Ausmaß erkannt hatte, mit drastischen Schritten: Nachdem die Stadt Wuhan als Ausgangsort lokalisiert worden war, wurde sie komplett abgeriegelt. Die Zentralregierung in Peking beorderte 40.000 medizinische Kräfte in die betroffene Provinz. In der Stadt Wuhan wurden 1800 Teams mit jeweils fünf Leuten zusammengestellt, die sämtliche Kontakte in Wuhan ermittelten und auswerteten. 9000 Menschen, die nur die Aufgabe hatten, Infektionsketten ausfindig zu machen. Beim Contact Tracing ist wichtig, den sogenannten „Index-Fall" ausfindig zu machen, also jene Person zu finden, bei der sich eine als infiziert gemeldete Person angesteckt hat. Das kann sehr aufwendig sein, vor allem, weil durch infektiösere Varianten, die sich schnell verbreiten, ein längerer Zeitraum berücksichtigt werden muss. So versuchte die Stadt Wien am Anfang der Pandemie, die zurückliegenden 48 Stunden vor gemeldeter Infektion zu analysieren, weitete dann aber den Zeitraum auf 96 Stunden aus, um möglichst vielen Schleichwegen des Virus im Untergrund auf die Spur zu kommen. Je mehr die Infektionszahlen in die Höhe schnellten, umso mehr kam das System unter Druck. „Unsere Überlegungen wurden immer wieder von der Gegenwart überholt. Wir haben Zahlen, die wir am Anfang für unmöglich erachtet haben, dann doch gestemmt. Weil wir einfach das Team erweitert haben. Irgendwann ist die Grenze natürlich erreicht", sagt der Leiter des Contact Tracings in Wien, Walter Hiller. Schlussendlich hilft den Behörden nur die Kooperation der Bevölkerung. Nicht nur was Abstand halten, Maske tragen und Hygiene betrifft, auch bei der Auskunft über Kontakte kann niemand gezwungen werden, ehrlich zu sein. Und manche wollen es nicht wahrhaben. Die „Ermittler" des Contact Tracings in Wien haben da ihre eigenen Erfahrungen: „Schreien, brüllen, schimpfen – das kommt vor. Wir versuchen dann klarzumachen, wir als Tracer können nichts dafür, wenn sich Leute anstecken oder positiv sind. Wir versuchen menschlich vorzugehen, das Vertrauen der Menschen zu gewinnen und im Zuge dieses Vertrauensgewinns dann auch die Informationen herauszuziehen, die wir brauchen", so Hiller. In China und anderen asiatischen Ländern wird nicht lange gefackelt: Die Elf-Millionen-Stadt Wuhan wurde 76 Tage unter komplette Quarantäne gestellt. Auch danach mussten die

Bewohner noch starke Einschränkungen hinnehmen, so wurden Tracking-Apps zur Pflicht, die den Gesundheitszustand dokumentierten, bei Einkäufen waren sie vorzuweisen. Infizierte Menschen wurden Tag und Nacht überwacht. Das Handy auf die Fensterbank zu legen, konnte schon dazu führen, dass die Kontrollbehörden nachforschten, ob man die Wohnung verlassen hatte – die Angst vor neuen Cluster-Bildungen war ständig präsent. Spricht man mit Menschen aus Asien, ist sehr oft viel Verständnis dafür vorhanden. Es wird als Dienst an der Gemeinschaft verstanden, sich strikt an alle Auflagen zu halten. Mit resolutem Regime und dem gelernten Verständnis der Bürger, drastische Einschränkungen hinzunehmen, gelang es China, die Pandemie unter Kontrolle zu bringen. Westliche Staaten mit ihren Freiheitsrechten können ein rigoroses Überprüfungssystem nicht in der Form etablieren, weshalb die Erfolge der „Cluster-Fahndung" in China und anderen asiatischen Ländern nicht mit den Versuchen demokratischer Länder, die Bildung von Clustern durch die Auswertung von Bewegungsdaten ihrer Bürger nachzuvollziehen, zu vergleichen sind.

Herbst 2020

Das Eintreffen der zweiten Welle ist nur noch eine Frage der Zeit. Die Verantwortungsträger wiegen sich offenbar in falscher Sicherheit. Waren die fallenden Zahlen im Sommer doch einfach zu verführerisch, ein mögliches Ende herbeizusehnen? Wertvolle Zeit ist verstrichen, die man laut dem Infektiologen Günter Weiss für Evaluierungen der bisher getroffenen Maßnahmen hätte verwenden sollen. Was hat etwas gebracht, was nicht? Welche Maßnahmen waren effektiv, welche nicht?

In dieser Zeit kommt es zu einem bekannten Phänomen zwischen der Politik und jenen, die über diese berichten. Während in Zeiten hoher Beliebtheitswerte für Regierende das medienkonsumierende Volk mit Informationen, meist in Pressekonferenzen, bis zum irgendwann einsetzenden Überdruss zugeschüttet wird, nimmt die Lust an Medienauftritten in koalitionsklimatisch schwierigen Zeiten proportional zu sinkenden Vertrauenswerten rapide ab. Ebenso regelmäßig werden die Auswirkungen einer derartigen „verhaltenen" Medienpolitik sichtbar. Es wird spekuliert. Weniger seriöse Medien sehen oft keinen Grund, auftauchende Gerüchte nicht zu verbreiten. Seriöse Medienvertreter stellen der Veröffentlichung eine Recherche voran und versuchen, das Gerücht als ein falsches zu entlarven oder die Bestätigung durch eine seriöse Quelle zu erhalten, die in den allermeisten Fällen vertraulich bleiben will. Anfang Oktober 2020 widerfährt dem politischen Part des Autorenduos ebensolches. Ich erhalte Informationen über ein Szenario „Zweiter Lockdown".

Das Wort *Lockdown* hat sich acht Monate nach Beginn der Krise zwischen Unwort und Schimpfwort angesiedelt, vor allem aber als vorangestelltes „Böses" für „ganz sicher nicht". Deshalb sind die Folgen zu erahnen, sollte gerade die mit hohem Glaubwürdigkeitsstatus ausgestattete ZIB 1 etwas verlautbaren, das seinen Ursprung in vertraulichen, aber anonym bleiben wollenden Quellen hat.

Ich nehme nach reiflicher Überlegung das Risiko auf mich und sage am 10. Oktober um 19:30 Uhr auf die Frage von Susanne Höggerl „Ja, wie schaut es jetzt aus, Hans Bürger? Kommt ein weiterer Lockdown oder kommt er nicht?" live in der Sendung: „Die Regierung bastelt da seit vielen Wochen und Tagen an verschiedensten Konzepten. Und was man hört, kristallisieren sich zwei Konzepte heraus: Das eine, dass ein weicher Lockdown, also nicht dieser ganz harte Lockdown, wie wir ihn bisher gewohnt sind, am 2. November starten könnte, oder eben am 16. November. Das Ganze für zwei oder drei Wochen. Das zeichnet sich zumindest derzeit so ab."

Die Aufregung ist maximal. Es hagelt Dementis, etwa schon am Tag darauf in der ORF-Parlamentssendung „Hohes Haus" in Person des Gesundheitsministers Rudolf Anschober: „Ich kann mir das überhaupt nicht vorstellen." Die gesetzlichen Vorgaben dafür seien mittlerweile sehr restriktiv. Nur vor einem flächendeckenden Zusammenbruch des Gesundheitssystems wäre dies möglich. „Davon sind wir Gott sei Dank meilenweit entfernt", meinte Anschober. Man arbeite mit aller Kraft daran, dass es nicht dazu kommen werde, denn dies wäre „katastrophal für die Wirtschaft".

Drei Wochen später, am 3. November 2020, kommt es zum Lockdown.

2. November 2020

Sie lesen zwar ein Buch über COVID-19, dennoch kann ein Ereignis an diesem Tag um 20:00 Uhr – vier Stunden vor Beginn des neuerlichen Lockdowns um 00:00 Uhr – nicht unerwähnt bleiben.

Österreichweit strömen die Menschen auf die Straßen. Es ist noch warm genug, um draußen zu sitzen. Einige Stunden lang haben die Lokale und Gastgärten noch offen. Im Wiener Ausgehviertel

„Bermudadreieck" im ersten Bezirk ist viel los. Corona kann noch einmal – zumindest weitgehend – ausgeblendet werden. Ab dem nächsten Tag ist alles wieder zu.

Ein weiß gekleideter Mann läuft mit einem Sturmgewehr, einer Pistole und einer Machete vom Desider-Friedmann-Platz Richtung Fleischmarkt und schießt. Ein 21-jähriger Mann sinkt, tödlich getroffen, zu Boden. Der Attentäter läuft weiter in die Judengasse, schießt vermutlich wahllos auf Lokale am Ruprechtsplatz und tötet eine 24-jährige Frau. Neun Minuten lang schießt der Mann um sich, tötet vier Menschen und verletzt 27 zum Teil schwer. Um 20:09 Uhr, 9 Minuten nach Auslösung des Terroralarms, wird er von Beamten der Sondereinheit WEGA durch einen tödlichen Schuss gestoppt.

3. November 2020

Innenminister Karl Nehammer bestätigt, dass es sich um einen Terroranschlag gehandelt hat, verübt von einem 20-jährigen Sympathisanten des sogenannten „Islamischen Staates" (IS). Österreich befindet sich in Schockstarre. Da es stundenlang geheißen hatte, dass es sich um mehrere Attentäter handle, fürchten in Wien viele Menschen am Tag danach, dem ersten Tag des zweiten Lockdowns, den Gang auf die Straße. In der Hauptstadt ist es gespenstisch still. Es dauert Tage, bis der durch die gesamte gesperrte Gastronomie ohnehin in seinen Bewegungsprofilen eingeschränkte Alltag zurückkehrt.

13. November 2020

Die Corona-Fallzahlen explodieren: 9586 Neuinfizierte an einem
Tag. Und das, obwohl schon zehn Tage lang ein „Lockdown light"
in Kraft ist, mit geöffneten Geschäften und teilgeöffneten Schulen.

Exkurs: Lockerer Lockdown – die gefährliche Versuchung

Das ewige Spiel vom Lockdown. Wir erinnern uns: „Wir müssen
Österreich ab morgen auf den Notbetrieb herunterfahren." Die
Worte des österreichischen Bundeskanzlers Sebastian Kurz am 15.
März 2020 trafen das Land wie ein Keulenschlag. „Notbetrieb"
titelte die Zeit im Bild des ORF, Moderator Tarek Leitner fasste
das Historische in einem Satz zusammen: „So einen Tag hat es in
der Zweiten Republik noch nicht gegeben." Wohnungen dürfen nur
noch für den Weg in die Arbeit verlassen werden, weitere Ausnah-
men sind Arztbesuche, dringende Einkäufe, Hilfeleistungen oder
kurze „Freigänge" zur Erholung. Außer dem Lebensmittelhandel
werden alle Geschäfte geschlossen, das gilt auch für Gastronomie,
Kultur-, Freizeit- und Sporteinrichtungen, selbst Spielplätze bleiben
zu. Veranstaltungen sind untersagt, maximal fünf Personen dürfen
sich treffen. Schul-/Uni-Unterricht und regulärer Kindergartenbe-
trieb werden ausgesetzt, Eltern bekommen Betreuungssonderurlaub.
Unternehmen sollen wo möglich auf Homeoffice umstellen, die
Kurzarbeit wird ausgeweitet. Behörden beschränken den Parteien-
verkehr auf das Notwendigste, die Religionsgemeinschaften sagen
Gottesdienste, Trauungen und Taufen ab. Das Land verzeichnet
zu dieser Zeit pro Tag 200 bis 300 Neuinfektionen. Eine Zahl, die

später um ein Vielfaches übertroffen werden wird – jetzt aber reicht sie für einen harten Lockdown. Zunächst scheint er nicht zu wirken: Anfang April sind die Infektionszahlen auf deutlich über 2000 angestiegen, weitere Verschärfungen werden angeordnet. Kuranstalten und Thermen werden komplett geschlossen, Besuche in Krankenhäusern und Altersheimen werden extrem eingeschränkt. Wenig später muss auch die gesamte Hotelerie die Pforten schließen, Supermärkte dürfen jetzt nur noch mit Mund-Nasen-Schutz betreten werden.

Nachdem sich Mitte April die Lage langsam zu bessern beginnt, werden erste Lockerungen verkündet: Arztpraxen sperren wieder auf, der Spitalsbetrieb läuft langsam wieder an. Anfang Mai beginnt ein reduzierter Schulbetrieb, ab Mitte Mai darf die Gastronomie (mit Einschränkungen wie früherer Sperrstunde um 23:00) wieder öffnen. Ende Mai kehrt bereits weitestgehend Normalität ein, fast alle Betriebe dürfen wieder öffnen, die Grenzkontrollen werden gelockert. Über den Sommer werden die Regelungen sukzessive zurückgenommen – ein Land atmet auf. Virologinnen und Pandemieforscher warnen öffentlich und eindringlich: „Das ist noch nicht vorbei – Achtung vor dem Herbst!" Doch dafür hat eine Bevölkerung, die monatelang Einschränkungen erdulden musste, kein Ohr. Urlaubsländer wie Kroatien werben um Urlauber. Es wird behauptet, dass die Infektionslage unter Kontrolle sei. Fragt man Epidemiologen, wie das einzuschätzen sei, antworten diese meist: „Wenn ich nicht teste, werde ich auch nichts finden." Im Juli beginnt sich die Gesamtlage in Österreich wieder deutlich zu verschlechtern und im August stellt sich bei den mittlerweile besser funktionierenden Kontakt-Rückverfolgungen heraus, dass ein Großteil der nach Österreich eingeschleppten Infektionsfälle auf Balkanländer zurückzuführen ist.

Mitte August wird eine Reisewarnung für Kroatien publik gemacht, die Stadt Wien bietet Gratistests für Reiserückkehrer an. Aber da ist es schon zu spät. Ende August muss ein sichtlich verärgerter Bundeskanzler Kurz („Ich war schon früher für Verschärfungen!") in den Raum stellen, dass es zu weiteren Einschränkungen kommen könnte. Mitte September werden die Zügel tatsächlich wieder (zu) leicht angezogen. Es gilt Maskenpflicht für den gesamten Handel, Wirte dürfen den Gästen nur noch an den Tisch servieren. Bis Oktober nimmt die Pandemie wieder volle Fahrt auf, man versucht es mit Einzelregelungen, mit einer Corona-Ampel, mit verschiedenen oft hilflos erscheinenden Aktionen wie etwa dem Verbot von Gartenpartys. Unter dem Strich ein Fleckerlteppich an Vorschriften, die zum Teil vom Verfassungsgerichtshof wieder aufgehoben werden – und die Menschen werden zunehmend müde und ignorieren immer öfter das, was sie im Frühjahr noch befolgten. Denn: „So schlimm war es ja dann eh nicht." Diese Reaktion ist dem „Präventionsparadox" geschuldet: Weil „eh nicht viel passiert ist", stellt man die getroffenen Maßnahmen infrage. Dass es aber genau diese Maßnahmen waren, die Schlimmeres verhindert haben, wird gerne übersehen. Die Politik tut sich schwer, weil sie dafür abgestraft wird, in vielen Teilen das Richtige getan zu haben. Die Briten kennen den Spruch: „There is no glory in prevention." Mit solch unpopulärer Vorsorge wirst du keine Punkte machen. Deshalb sind Populisten in dieser Phase sehr oft uneinsichtig: Brasiliens rechter Präsident Bolsonaro spricht von einem „Grippchen", während ganze Bundesstaaten vor dem Kollaps des Gesundheitssystems stehen, Donald Trump sieht trotz horrender Todeszahlen keinen Anlass, seinen Bürgern Dinge zu verordnen, die seinem Image schaden könnten. Und so kommt es in vielen Ländern zu lockeren Lockdowns, die sich bitter rächen sollten. Österreichs

Regierung laviert sich durch die Krise und versucht das fast Unmögliche: starke Beschränkungen, ohne der Wirtschaft nachhaltig zu schaden. Am 7. Dezember wird einmal mehr ein „Lockdown light" verkündet, Kulturbetriebe sowie die Unterstufe der Schulen und Kindergärten dürfen wieder öffnen. Rund um Weihnachten wird weiter gelockert – wer möchte den Menschen schon Weihnachten vermiesen? Die Konsequenz: Am 26. Dezember muss das Land aufgrund hoher Infektionszahlen und einem schwer unter Druck geratenen Gesundheitssystem in den dritten harten Lockdown. Einer immer ungeduldiger werdenden Bevölkerung wird wieder einmal versichert: „So viel Freiheit wie möglich, so viel Beschränkung wie notwendig." In der Folge sind es erneut lokale Lockdowns, die Entlastung bringen sollen. Für eine wirkliche Erleichterung sorgen dann die Impfungen, die ab 27. Dezember in Österreich verabreicht werden. Damit werden Risikogruppen geschützt, um so die Kapazitäten in den Krankenhäusern zu schonen. Kein Land der Erde kann von sich behaupten, die Krise ohne Lockdowns bewältigt zu haben. Länder wie Neuseeland und Australien, sicher begünstigt durch die Insellage, haben von Anfang an die Devise ausgegeben: „Hit early, hit hard." Also konsequente und rigorose Lockdowns bei ersten Anzeichen – keine Kompromisse. Auch China ging diesen Weg. Durch Abriegeln von Millionenstädten und permanenter Überwachung. Nichts, was in demokratischen Ländern möglich wäre. Wenn es eine Lehre gibt, dann die: Der erste Lockdown muss hart und konsequent sein – da ist auch das Verständnis der Bevölkerung noch da. Lockerungen müssen sehr vorsichtig beginnen und von einer durchdachten Teststrategie mit verlässlichen Zahlen aus allen Bereichen gestützt werden. Bei ersten Hinweisen auf eine Verschlechterung in Teilbereichen oder Regionen bedarf es eines sofortigen Einschreitens. Es muss offen kommuniziert werden, die Öffentlichkeit muss möglichst schnell von den aktuellen Daten und den neuesten Entwicklungen erfahren. Nur dann ist es möglich, mit den Menschen Maßnahmen zu treffen, auch wenn diese Einschränkungen bedeuten. Denn, wie es Deutschlands Virologen-Star Christian Drosten zusammenfasste, eines ist gewiss: Das Virus verhandelt nicht.

17. November 2020

Das Land wird wieder nahezu komplett heruntergefahren. Aber nicht nur Österreich. Die zweite Welle trifft die halbe Welt. Und das, so wie es Virologen voraussagten, mit einer noch unglaublicheren Wucht als im Frühjahr 2020. In nachstehender Grafik ist der Unterschied gut zu erkennen. Die Welle im Herbst 2020 gleicht einem Tsunami.

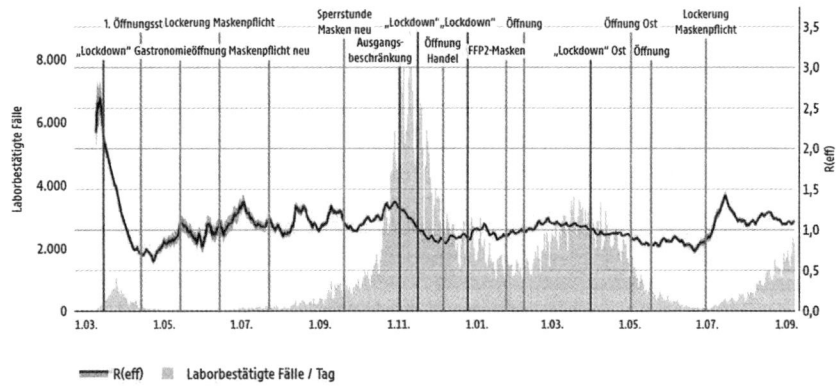

Die Bekämpfung einer Pandemie funktioniert nach der heuristischen Methode Versuch und Irrtum. Nach einer Vorgehensweise, bei der es zu einem Ergebnis kommt, ohne dass vorher eine konkrete Annahme formuliert worden ist oder ohne einen Beweis, dass die Annahme auch stimmt. Eine wesentliche Rolle kann dabei auch die Intuition spielen. Man spricht weiters von Vorgehensweisen, bei denen es auf Erfahrung ankommt. Umgangssprachlich werden Heuristiken manchmal einfach mit Faustregeln übersetzt.

Auch in der Politik sind grundsätzlich zwei Annäherungen möglich. Entweder man stützt sich als amtierende Regierung auf wissenschaftliche Erkenntnisse und setzt im Großen und Ganzen deren Empfehlungen um. Koste es, was es wolle – an Geld sowie an Zustimmung der Menschen zur eigenen Partei. Oder man orientiert sich als Politiker an der jeweiligen Stimmung in der Bevölkerung. Da muss man allerdings sehr schnell sein.

Bis heute weiß man nicht so genau, warum am Beginn der Pandemie weite Teile der Gesellschaft in fast allen Ländern wochenlang die drastischen Einschränkungen ihrer Freiheiten mitgetragen haben. Die einen sagen: Obrigkeitsdenken. Die anderen meinen: Es sei die nackte Angst gewesen. Oder war es das An-einem-Strang-Ziehen?

Meiner Ansicht nach eignet sich ein Gesundheitsthema dieses Ausmaßes nicht zu parteipolitischem Agieren. Und dennoch stellt sich die Frage, ob Volksparteien eine Welterkrankung besser stoppen können als Sozialdemokraten oder ob es liberale Parteien effektiver schaffen als Grüne oder Rechtspopulisten.

Ein Problem, das Länder wie China nicht kennen. Ein Dutzend neuer Fälle in einer Millionenstadt bedeutet dort nur eines: die sofortige Abriegelung der Stadt. Opposition: nicht vorhanden.

Proteste: nicht vorgesehen. Und dazu: Überwachung total. Niemand darf in eine U-Bahn steigen, wenn die Körpertemperatur auch nur ein Zehntelgrad über der vom Staat festgelegten liegt, vorausgesetzt die U-Bahn ist überhaupt in Betrieb.

In Parteiendemokratien mit halbwegs funktionierendem Parlamentarismus hingegen ist es stets eine Frage der Zeit. Die Oppositionsarbeit für die Dauer einer Pandemie aufgeben? Natürlich nicht. Je länger die Phasen der Freiheitsbeschränkungen andauern, desto fruchtbarer ist der Boden, auf den die oppositionelle Kritik an fast allen Regierungen fällt. „Es reicht", genügt meist als Slogan zur Strategieänderung, deren Umsetzung die in dieser Zeit nicht regierenden Parteien von Tag zu Tag lauter trommeln. Die logische Folge derartiger Entwicklungen: Regierungsparteien büßen Woche für Woche an Zustimmung und Vertrauen ein.

Sollte man da als politstrategischer Chefberater eines Kanzlers nicht irgendwann „STOPP" schreien? Die Antwort von Stefan Steiner fällt eindeutig aus: „In so einer ernsten Situation für das ganze Land denkt man nicht an Meinungsumfragen. Wenn wir auf 15 Prozent gefallen wären, dann wären wir eben auf 15 Prozent gefallen. Unser alleiniger Fokus waren damals wirksame und klare Maßnahmen." Und er fügt hinzu: „Uns erschienen die Maßnahmen damals jedenfalls als richtig und natürlich, und man hofft, dass die Menschen das – zumindest am Ende der Einschränkungen – auch so sehen."

Dass die gesamte Opposition vom absoluten Gegenteil dieser Aussage felsenfest überzeugt ist, muss wahrscheinlich nicht dazugesagt werden. Es soll übrigens am Beginn der Krise keineswegs – etwa wegen des Zeitdrucks – nur *passiert* sein, dass man damals die Opposition in die ersten politischen Entscheidungen nicht eingebunden hat. Das sei im Gegenteil sogar gewollt gewesen, erzählen heute türkise und grüne Kommunikationsexperten. Um in der heutigen Zeit erfolgreich zu sein, brauche es eine gewisse Reibung. Die Menschen *sollten* anfangs das Gefühl haben, das ist unsere Regierung, unsere Regierung macht es besser als andere in der Europäischen Union. Nur das lasse Zustimmungsraten wirklich stark nach oben gehen. Das Schlimmste für die Opposition sei in diesen Phasen die Nichterwähnung.

Aber eines ist klar: Hypes sind Hypes, weil sie überschießen. Das habe man aber immer einkalkuliert. Man habe gewusst, dass die Zustimmungsraten bis zu 70 % für Türkis-Grün völlig überzogen waren.

„Es geht auch um so etwas wie Massenpsychologie", sagt Stefan Steiner. „Einfach darum, dass möglichst viele Menschen mitmachen und sich an die Maßnahmen halten. Das geht nie durch Druck, sondern immer nur durch Überzeugung. Es war immer klar, dass die anfängliche Geschlossenheit nicht ewig halten würde, aber auch in einer Gesamtbetrachtung der Krise haben wir sie gut gemeistert: Dank der Disziplin, der Solidarität und des Zusammenhalts der Menschen in Österreich."

Ein ÖVP-Berater erinnert sich in dem Zusammenhang an ein Gespräch: „Im Frühjahr 2020 sagte mir einer, der jahrzehntelang immer nur Rot wählte, ‚ihr macht das so gut, ich wähl ab jetzt den Kurz'. Im Sommer hab ich den Mann wiedergetroffen, und er meinte: ‚Ich bin enttäuscht, ich werde doch weiter meine SPÖ wählen', und seufzt: „Ja, so ist das mit dem Hype."

Für das Mittragen von Maßnahmen innerhalb der Bevölkerung ist auch das entscheidend, was die anderen machen. Also aus österreichischer Sicht vor allem die Länder der Europäischen Union, wie der stellvertretende Kabinettschef des Bundeskanzlers, Markus Gstöttner, bestätigt: „Heute helfen uns indirekt auch einige große Länder. Wenn

Deutschland, Frankreich oder Italien in einen Lockdown gehen, dann sehen die Menschen hier: Es wird leider wieder ernst, da müssen auch wir wieder mitmachen.‟

Winter 2020

Ab dem beginnenden Winter 2020 kann die Regierung eigentlich gar nichts mehr richtig machen. So ergeht es Koalitionsregierungen in ganz Europa. Die Menschen haben lockere Lockdowns, harte Lockdowns und Lockerungen von Lockdowns, die als zu wenig weitgehend empfunden werden, satt. Wird dann tatsächlich mehr gelockert, protestieren wiederum die Verteidiger von harten Maßnahmen – Virologen, Epidemiologen, Mathematiker, Komplexitätsforscher etc.

Mit Fortdauer der Krise entfremden sich nicht nur Regierung und Opposition sowie Türkis und Grün, sondern es geht auch ein Spalt durch die Volkspartei. Wirtschaft und Tourismus sind ohnehin kaum noch an der Kurz'en Stange zu halten, und mittlerweile kommt es auch zwischen Kanzleramt und Bildungsministerium zu immer größeren Unstimmigkeiten. Der Bildungsminister ist einerseits selbst davon überzeugt, dass man Schulen geöffnet halten sollte, andererseits wird es für Heinz Faßmann aber auch immer schwieriger, dem Druck der Elternvertreter standzuhalten. Viele Mütter und Väter wissen nicht mehr, wie sie die Kinderbetreuung schaffen sollen, da sie selbst arbeiten müssen, und sehen an ihren – meist jüngeren – Kindern, was die Einschränkung ihres Bewegungsspielfeldes in räumlicher und sozialer Dimension mit ihnen macht. Stundenlanges in den Bildschirm-Starren und Spielen vor dem PC, kein Sport,

Vereinsamung, Traurigkeitsphasen und Aggressionen gegen die Eltern oder Geschwister.

Die Regierungsspitzen wissen das alles, argumentieren dennoch laufend mit dem berühmt gewordenen „Alternativlos" sowie immer neuen Studien, die belegen, dass Infektionen im Schulbereich keineswegs eine Randerscheinung sind. Im Gegenteil, die neuen Varianten von COVID-19 betreffen auch jüngere Menschen.

Schulen: Das schwere Match um den Klassenerhalt

Es war ein Glaubensgrundsatz, vor allem in Kreisen der Kinder- und Jugendmedizin, der besonders zu Beginn der Pandemie fast gebetsmühlenartig zu hören war: „Kinder sind keine Treiber der Pandemie." Das war zunächst auch nicht zu widerlegen. Es gab einfach zu wenige Daten aus diesem Bereich. Die Schlüsselargumente waren stets die gleichen: Kinder können schon wegen ihrer Körpergröße nicht so viel Virus in sich tragen. Ihre Lungen sind kleiner und können deshalb nicht so viele ansteckende Erreger durch Husten oder Niesen in die Umwelt abgeben. Kinder erkranken auch statistisch gesehen viel seltener am Virus, also ist anzunehmen, dass sie keine großen Verbreiter sind. Diese Thesen überzeugten Virologinnen und Infektiologen von Anfang an nicht. Es sei nicht schlüssig, dass sich das Virus in einer bestimmten Altersgruppe zurückhalte – es werde wohl oft einfach übersehen, weil Kinder eben selten Symptome entwickelten. Und dass weniger Virenlast festgestellt worden sei, könne damit zu tun haben, dass bei Kindern kleinere Abstrichstäbchen verwendet würden und es generell schwieriger sei, zu guten Proben zu kommen als bei kooperativen Erwachsenen. Die Politik entschied strategisch und wohl auch richtig: Durch die Sperre der Schulen ab 16. März wurden 1,2 Millionen junge Menschen in Österreich aus dem öffentlichen Leben genommen – das hat klarerweise Auswirkungen auf die Infektionslage. Die Schulen aber traf die Entscheidung weitestgehend unvorbereitet. Hier rächte sich vor allem der Rückstand des österreichischen Bildungssystems bei der Digitalisierung. Nach einer Erhebung der Arbeiterkammer hatten zu Beginn des Lockdowns 16 % der Schülerinnen und Schüler keinen Zugang zu digitalen Endgeräten. Gleichzeitig sollten sie aber über Distance Learning unterrichtet werden. Lehrkräfte und Schüler wehrten sich und verlangten öffentlich, dass die Schulen wieder geöffnet werden sollten. Unterstützung kam einmal mehr von Kinder- und Jugendärzten, aber auch von Bildungsforscherinnen und Soziologen, die vor einer „verlorenen Generation" warnten. Aus wissenschaftlicher Sicht bröckelte diese Front jedoch zunehmend. Der anerkannte Wiener Molekularbiologe Michael Wagner entwickelte einen „Gurgeltest", mit dem Kinder und Jugendliche durch Gurgeln selbst eine Probe erstellen konnten, diese wurde dann mit einem verlässlichen PCR-Test analysiert. Es wurde relativ schnell klar: Kinder und Jugendliche sind auch am Infektionsgeschehen beteiligt, sie sind weder Treiber noch Bremser. Eine sehr große Studie aus Indien bestätigte das eindrucksvoll, andere Untersuchungen in Australien kamen zum selben Ergebnis. Als durch Impfungen immer mehr ältere Menschen immunisiert werden konnten, zeigte sich bald, dass die Infektionsketten sich in den jüngeren Altersgruppen ausbreiteten. Sehr oft wurden die Cluster (Infektionsherde) dann im privaten Bereich entdeckt, nachdem ein Kind das Virus mit nach Hause gebracht hatte. Erwartbar und nicht überraschend. Österreichs Bildungsminister Heinz Faßmann hatte dabei eine schwierige Rolle: Die Schulen möglichst offen zu halten und gleichzeitig sicherzustellen, dass es zu keinen Cluster-bildungen kommt, ist die Quadratur des Kreises. Für zukünftige Pandemien hat gerade die Debatte um die Schulen gezeigt, dass Standespolitik und Interessensvertretungen bei einer Pandemie denkbar ungeeignet sind, zu objektiven Entscheidungen beizutragen. Fakten werden gerade bei unübersichtlicher Informationslage schnell beiseite gewischt, um Eigeninteressen durchzusetzen. Einen Schritt zurück zu machen, um die Gesamtlage neu zu bewerten, ist oft hilfreich. Und was Wissenschafter immer wieder irritiert: Nur weil jemand laut schreit, bedeutet das nicht, dass er bessere Daten hat oder automatisch im Recht ist. Und wenn, wie in diesem Fall, der ganz überwiegende Teil der Infektiologinnen und Virologen zum Ergebnis kommt, dass Kinder eine nicht unerhebliche Rolle beim Infektionsgeschehen spielen, dann ist es nicht zielführend, einigen wenigen, die das anders sehen, das gleiche Gewicht zu geben. Das nennt sich dann „false balance" – falsch verstandene Ausgewogenheit. Bei den allermeisten Entscheidungen während der Corona-Krise waren am Ende des Tages die Einschätzungen der relevanten Mehrheit richtig. Das zu bedenken, sollte bei kommenden Seuchen zu den Grundgesetzen zählen.

Die „Schule-auf"-Verfechter und die „Schule bleibt zu"-Anhänger geraten immer öfter aneinander. Die ersten Bildungsexperten und -expertinnen, wie etwa die ehemalige Ombudsfrau im Bildungsministerium Susanne Wiesinger, fordern für einen Großteil der Schülerinnen und Schüler eine Wiederholung des gesamten Schuljahres. Einige Pädagoginnen und Pädagogen warnen bereits eindringlich davor, den Kindern mindestens ein Bildungsjahr zu stehlen, und dass manche die jetzt entstandenen Wissens- und Verständnislücken nie mehr füllen könnten.

Sätze wie diese erzürnen Gerald Fleischmann, den Kommunikationsfachmann des Bundeskanzlers: „Zur Bildung sag ich jedem Schulöffner gerne ins Gesicht: Lernlücken ok, aber man kann seinem Kind auch sagen, es ist kein verlorenes Jahr für dich, sondern es sind gewonnene Jahre mit deinen Großeltern."

Auf der wissenschaftlichen Seite dreht sich im Winter 2020 erneut alles um Intensivbetten. Der ungarische Premier Viktor Orbán hat kurzerhand die Anzahl der Intensivbetten verdreifachen lassen und beruhigt so am 16. November 2020 die Ungarinnen und Ungarn auf Facebook.

Konfrontiert man damit Intensivmediziner in Österreich, kommen spontan zwei Antworten. Erstens: Die Zahl des dazu notwendigen Intensivpersonals könne niemand in wenigen Monaten verdreifachen, dazu sei eine mehrjährige Ausbildung notwendig. Zweitens: Orbán habe auf diese Weise das Explodieren der Zahlen nur um maximal zwei bis drei Wochen verschieben können. Das Zauberwort heiße exponentiell.

21. Dezember 2020

Die EU-Kommission erteilt die Zulassung für den ersten mRNA-Impfstoff von BioNTech/Pfizer, nachdem die Europäische Arzneimittelbehörde EMA eine bedingte Marktzulassung für Personen ab 16 Jahren empfohlen hat.

Impfen als großer Trumpf der Menschheit – jeder Stich zählt

Die Idee ist naheliegend: Wenn jemand eine Krankheit überstanden hat, dann muss er etwas in sich haben, das heilsam ist. Aber was ist es, und kann es gelingen, diese Abwehrkräfte auf andere zu übertragen? Darüber dachten Ärzte schon zu Beginn des zweiten Jahrtausends nach. Überliefert sind Versuche von Avicenna, einem persischen Gelehrten, der rund um 1000 im Gebiet des heutigen Iran lebte und von der Idee sprach, Menschen durch Hautkontakt mit Genesenen oder durch Einatmen deren Atems Abwehrkräfte zu verleihen. Diese frühe Überlegung verbreitete sich dann nach China, Indien und später auch in das Osmanische Reich. Die Methode wurde nach und nach weiterentwickelt. Medizingeschichtlich sehr relevant ist die sogenannte „Variolation", die ab dem 17. Jahrhundert immer öfter gegen die gefürchteten Pocken angewendet wurde. Dabei wurde aus den Pocken (blatternartige Hautveränderungen oder Pusteln) von Erkrankten mit kleinen Messern Sekret entnommen und dann gesunden Menschen durch kleine Wunden unter die Haut geschmiert – meistens in Oberarme oder Beine. Überliefert sind auch frühe Versuche chinesischer Ärzte, es über die Nase in den Körper zu bringen. Zu Beginn des 18. Jahrhunderts waren es englische Ärzte in Kleinasien, die Berichte von der neuartigen Behandlungsmethode an ihr Mutterland schickten – das Echo in den britischen Medizinerkreisen war mehr als spärlich. Wenige Jahre später verschlug es die englische Schriftstellerin Mary Wortley Montagu nach Konstantinopel, weil ihr Mann dort als Diplomat stationiert war. Montagu war eine neugierige und engagierte Beobachterin des gesellschaftlichen Lebens. In

Konstantinopel lernte sie Ärzte kennen, die die sogenannte „Variolation" anwandten, abgewandelt vom lateinischen Begriff „variolae" für Pocken. Bereits 1717 berichtete sie einer Freundin in einem Brief von der neuen Methode, im selben Jahr ließ sie ihren Sohn mit der Methode immunisieren. In ihrem Heimatland dauerte es bis 1721 – in diesem Jahr brachen in England die Pocken aus, viele Menschen starben. Montagu, über ihr reges Gesellschaftsleben von einigem Einfluss, ließ ihre Tochter impfen und überzeugte sogar König Georg I., seine Enkelkinder impfen zu lassen – zuvor hatte der Monarch die Impfung vorsichtshalber an Strafgefangenen testen lassen. Die Pockenimpfung wurde in der Folgezeit verbessert, vor allem indem man die für die Immunisierung eingesetzten Pockenerreger (zu diesem Zeitpunkt wusste man allerdings noch nichts von der Existenz von Viren) mehr abschwächte und so Nebenwirkungen abmilderte. Widerstände gegen die Impfung gab es immer wieder. Als in den Jahren 1870/1871 eine Pockenepidemie in Deutschland 125.000 Menschenleben forderte, erließ die preußische Regierung eine Impfpflicht, andere Länder folgten. Es dauerte noch einmal mehr als einhundert Jahre – aber 1979 konnte die Weltgesundheitsorganisation WHO die Welt für „pockenfrei" erklären. Der erste große Sieg der Menschheit über eine Infektionskrankheit.

Exkurs: Wie die Kuh in die Spritze kam

Der englische Landarzt Edward Jenner machte einige Jahrzehnte später eine seltsame Entdeckung: Es gab Menschen, die offenbar immun gegen Pocken waren – interessanterweise sehr oft solche, die mit Rindern zu tun hatten. Jenner kannte die Kuhpocken, die bei Kuheutern Beulen verursachen. Auch Menschen konnten sich damit infizieren. 1796 ritzte Jenner eine durch Kuhpocken hervorgerufene Beule an der Hand der Milchmagd Sarah Nelmes auf und füllte das Sekret in ein kleines Glasgefäß. Damit „impfte" er den achtjährigen James Phipps, den Sohn seines Gärtners. Sechs Wochen später ging Jenner aufs Ganze: Er versuchte, das Kind mit dem Sekret von an Menschenpocken Erkrankten zu infizieren – der Junge aber entwickelte keine Symptome. Er war offensichtlich immun. Weil damit die erste erfolgreiche Impfung auf eine Kuh zurückzuführen war, hießen Impfungen in Hinkunft „vaccination", von lateinisch vacca (Kuh), und die Impfstoffe Vaccine.

Entsprechend schnell verbreiteten auch schon damals Impfgegner Horrorszenarien: In Abbildungen rund um 1800 sind Menschen zu sehen, denen Hörner wachsen oder Miniaturkühe aus den Armen. Eine, die sich nicht beirren ließ, war Österreichs Kaiserin Maria Theresia. 1767 erkrankte sie selbst an den Pocken. Bereits 1768 veranlasste sie, dass Ärzte Kinder in Waisenhäusern mit der neuen Methode aus England immunisieren sollten. Die Kaiserin verlor selbst drei ihrer Kinder an die Pocken, ihre jüngeren Kinder ließ sie deshalb ebenfalls impfen oder inokulieren, wie es damals noch hieß. Am Wiener Rennweg wurde ein eigenes „Inokulationshaus" errichtet, wo sich die Bevölkerung gratis immunisieren lassen konnte. Im Jahr 1800, als die Pocken in Wien grassierten, kam es zur ersten dokumentierten Massenimpfaktion – 220 Jahre später errichtete die Stadt Wien große Impfzentren gegen die Corona-Pandemie. Die Kuh war vom Eis, aber die Impfgegner witterten wieder neue Bedrohungen …

Impfstoffe: die Lebenden und die Toten

Totgesagte leben länger – ein bekannter Spruch. Tote leben länger? Das ist doch ein klarer Widerspruch, ein Ding der Unmöglichkeit. Bei Impfstoffen ist das nicht so scharf abzugrenzen. Bei einem Impfstoff gegen Grippe oder, medizinisch gesprochen, gegen das Influenzavirus sind es die Toten, die bestimmte Abschnitte des Immunsystems zum Leben erwecken. Wie das geht? Zunächst einmal blicken Impfstoff-forscher nach Australien. Dort beginnt die globale Grippesaison. Jener Grippestamm, der dort vorherrschend ist, wird irgendwann auch in Europa landen. Deshalb werden Influenzaviren aus Australien herge-nommen und im großen Stil vermehrt. Und zwar in Hühnereiern, die damit geimpft werden. Für die Produktion des Grippe-Impfstoffes werden dafür eine halbe Milliarde Hühnereier verwendet. Nachdem sich die Viren in den Eiern vermehrt haben, werden sie mit speziel-len Chemikalien abgetötet, damit sie keinen Schaden mehr anrich-ten können. Und diese „abgetöteten" Viren werden dann verimpft. Obwohl sie inaktiv sind, reagiert der Organismus darauf und bildet Antikörper und Abwehrzellen. Nach demselben Prinzip funktionie-ren Impfstoffe gegen Diphtherie, Tetanus, Keuchhusten, Hepatitis B und Kinderlähmung (Polio). Vor allem chinesische Hersteller setzten am Beginn der Corona-Pandemie auf dieses Impfprinzip, konnten aber anfangs nicht die hohe Wirksamkeit moderner Impfstoffe errei-chen. Das könnte daran liegen, dass zum Beispiel bei einer Grippe bereits eine sogenannte „Hintergrundimmunität" vorhanden ist, der Organismus also schon einigermaßen vorbereitet ist, während er beim SARS-Erreger „naiv" (siehe S. 57ff.) ist.

Lebendimpfstoffe enthalten geringe Mengen der Erreger, die zwar abgeschwächt, aber noch reproduktionsfähig sind. In aller Regel lösen sie heftigere Reaktionen des Immunsystems aus – was logisch erscheint, da der Körper hier „lebende" Materie erkennt, die nun einmal potenziell gefährlicher einzustufen ist als jene eines Totimpfstoffs. Die Immunität gegen den Erreger hält bei den Lebendimpfstoffen sehr oft ein Leben lang. Typische Lebendimpfstoffe sind jene gegen Masern, Mumps, Röteln oder Gelbfieber. Totimpfstoffe und Lebendimpfstoffe können auch in Kombination verabreicht werden.

Mit Trägerraketen in den Körper

Wenn man den Gegner einmal ausfindig gemacht hat – sei es ein Grippevirus oder ein SARS-2-Virus –, ist schon einmal viel gewonnen. Dann beginnt die Suche nach den Schwachstellen des Gegners. Beim SARS-2-Virus ist seine Stärke zugleich auch seine Schwäche: An der Oberfläche des Virus befinden sich stachelartige Fortsätze. Ganz oben an deren Spitze sind Eiweißbausteine. Diese dienen dazu, an die menschlichen Zellen anzudocken und so die Infektion einzuleiten. Der Trick des Virus ist, diese Waffe erst im letzten Moment zu ziehen und so das Immunsystem zu überrumpeln (siehe S. 26f.). Das haben Virologinnen und ihre Kollegen durchschaut. Jetzt geht es darum, dem Immunsystem beizubringen, was das Virus vorhat. Wie gelingt das: Man präsentiert ihm die gefährlichen Eiweißbausteine vorab, um es auf den Gegner einzustimmen. Jetzt kommen die Probleme: Zunächst muss man genau jenen Eiweißbaustein isolieren, um für das Immunsystem ein Fahndungsbild zu haben. Das mag noch gelingen. Wie aber schafft man es, dieses Fahndungsbild in die Datenbank des Immunsystems zu bringen, damit der Körper reagieren kann? Sarah Gilbert von der Universität Oxford holte sich Hilfe bei einem Schimpansen. Die Forscherin entdeckte bei einem verschnupften Tier ein Virus, das ihr ideal erschien: Es löst zwar bei den Menschenaffen Schnupfen aus, für Menschen ist es aber komplett ungefährlich. Das Immunsystem begutachtet es zwar, aber das Virus allein kann nichts anrichten. „Moment", sagt da die Forscherin: „Was ist, wenn wir diesem Affenvirus etwas huckepack mitgeben?" Erraten, den bösen Eiweißbaustein des SARS-2-Virus. Diese Art von Transportvehikeln nennt die Impfstoffforschung „Vektor". In diesem Fall stammt der Vektor von einem Affen. Und die tierische Trägerrakete sorgt dafür, dass das Fahndungsfoto in den Organismus gelangt. Das Immunsystem erwartet womöglich das schon bekannte Schimpansen-Schnupfenvirus – doch: „Moment! Da ist noch etwas dabei, das ich noch nicht kenne", schreib ich mir lieber einmal auf und stelle Antikörper für die Abwehr bereit. Damit ist sichergestellt, dass das Virus nicht mehr den ahnungslosen Gastgeberorganismus überrumpeln kann. Der Körper hat sich bereits gewappnet. So funktioniert der Impfstoff von Oxford/AstraZeneca, aber auch andere Vektor-Impfstoffe verwenden dasselbe Prinzip.

mRNA-Impfung – ein Baubescheid mit Abrissgarantie

Wer jemals mit einer Baubehörde zu tun hatte, der weiß: Wenn die es ganz genau nimmt, kann sich das zeitlich sehr in die Länge ziehen. Unser Immunsystem zählt eher zu den strengen Baubehörden – und wenn ihm ein Einreichplan missfällt, dann ist auch gleich Feierabend. Das mussten auch schlaue Mikrobiologen, die eigentlich eine geniale Idee hatten, erkennen: Anstatt, wie bei Impfungen üblich, einen deaktivierten oder in seiner Wirkung deutlich reduzierten Erreger in den Organismus einzuschleusen (siehe S. 86f.), könnte man doch den Organismus damit beauftragen, diesen Erreger selbst herzustellen. Den Bauplan für verschiedene Eiweiße des Erregers kennen Biologinnen und Forscher – die dafür notwendige Struktur heißt „messenger-RNA" oder kurz mRNA. Eine menschliche Zelle baut an sich nach solchen Plänen. Die ungarische Forscherin Katalin Karikó hatte die Pionierarbeit für die mRNA-Technologie geleistet. Doch mit dem menschlichen Körper ist das nicht so einfach: Kaum war der Bauplan eingeschleust worden, wurde er vom Immunsystem zerstört – Baugenehmigung verweigert. Aber wie so oft in der Forschung führte Teamwork zum Erfolg: Es waren Spezialisten für Nanotechnologie, die unter anderem in Wien herausgefunden hatten, dass man diese Baupläne der mRNA mit einer winzigen Hülle so lange schützen kann, bis sich das erwünschte Eiweiß im Körper gebildet hat. Wenn das passiert ist, rüstet sich das Abwehrsystem mit entsprechenden Antikörpern und Abwehrzellen. Der eingeschleuste Bauplan wird dann rückstandslos abgebaut. Ein geniales Konzept, das im SARS-2-Impfstoff von BioNTech/Pfizer umgesetzt wurde. Auch andere mRNA-Impfstoffe wie jener von Moderna beruhen auf diesem Prinzip. Mastermind Katalin Karikó wird als Nobelpreiskandidatin gehandelt – in einem Interview mit dem ORF meinte die bescheidene Wissenschafterin: „Was ist ein Preis gegen das schöne Gefühl, so vielen Menschen geholfen zu haben?"

RNA, DNA – Rezepte der mikrobiologischen Buchstabensuppe

Liest man einen DNA-Code, könnte man den Verdacht haben, da hat ein kleines Kind aus einem Teller Buchstabensuppe eine Reihe zusammengelegt, die willkürlicher nicht sein könnte: „AUG GCA GGC AUA GAG." – „Marie, was soll denn das heißen?", würde ein Vater zu seiner Tochter wohl sagen und vielleicht verwundert hinzufügen: „Und warum verwendest du nur vier Buchstaben, die deutsche Sprache hat doch 26 verschiedene – alle schwimmen in dieser Suppe?" „Ja, das schon", mischt sich die Mama der kleinen Marie ein und sagt: „Aber in der biologischen Ursuppe sind es nur vier." Als Biologin hat die Mama eben ein anderes Alphabet vor Augen – das „Alphabet des Lebens", wie es Wissenschafter gerne nennen: die DNA oder Desoxyribonukleinsäure (A steht hier für das englische Acid und bedeutet Säure), auf der das Leben aufbaut. Die vier von der kleinen Marie aus der Suppe gefischten Buchstaben stehen für sogenannte Basen, das sind winzige Bausteine, die in der Lage sind, den Säuregrad (pH-Wert) zu beeinflussen. Von ihnen geht alles aus. Der Begriff ist aus dem Griechischen abgeleitet, wo basé „Fundament, Grundlage" bedeutet. Die vier Buchstaben stehen für die Basen Adenin, Cytosin, Guanin und Thymin oder abgekürzt ACGT. Diese Basen finden sich paarweise zusammen, Adenin paart sich immer mit Thymin und Cytosin immer mit Guanin. 1953 entdeckten James Watson und Francis Crick, dass die DNA wie eine verdrehte Strickleiter aufgebaut ist, auf der sich diese Paare gegenüberstehen. Obwohl es nur vier Bausteine sind, die sich stets gleich paaren, ist durch diesen Aufbau eine gigantische Vielfalt an Kombinationen möglich, die die Vielfalt des Lebens ermöglichen. Dazu muss aber noch ein weiterer Schritt passieren: Die Strickleiter wird auseinandergedröselt und in der Mitte durchgeschnitten, es ist dann jeweils nur noch ein Strang vorhanden. Dadurch entsteht eine neue Struktur, die RNA genannt wird. Sie bildet sich also nur aus der Hälfte der längs durchgeschnittenen Strickleiter und ersetzt dabei die Base Thymin durch die Base Uracil. Sobald die RNA abgespalten ist, verschließt sich dahinter die DNA wieder wie mit einem Reißverschluss zur Strickleiter. Den Umbau von der DNA zur RNA nennt die Biologie Transkription. Daraus entwickelt sich dann die endgültige Bauanleitung für die verschiedensten Lebensformen. Aus jeweils drei Basen entsteht eine von zwanzig verschiedenen Aminosäuren, die wiederum die Ausgangsstoffe für Proteine sind. Mit einem dieser Proteine müssen wir uns momentan herumschlagen: dem Oberflächenprotein des SARS-2-Virus. Es ist also ein sehr komplexer Prozess, die Abläufe in der Molekularbiologie zu durchschauen. Wir können zwar prinzipiell in diese Mechanismen eingreifen, jede winzige Veränderung kann allerdings unabsehbare Auswirkungen haben. Das Virus versucht diesen Umstand zu nutzen, indem es zum Beispiel an verschiedenen Stellen des Proteins Aminosäuren austauscht, um dem Immunsystem zu entkommen. Das erkennen Virologinnen und Mikrobiologen und steuern mit nachjustierten Impfungen dagegen, die genau auf diese Veränderung reagieren.

Marie hat inzwischen ihre Suppe ausgelöffelt und erklärt ihrem staunenden Papa stolz: „Ich hab mit der Mama meinen Namen auf den Teller geschrieben." Denn AUG GCA GGC AUA GAG heißt übersetzt: MARIE. Wie geht das? Aus den Basen Adenin, Uracil und Guanin wird die Aminosäure **M**etanin, aus Guanin, Cytosin und Adenin wird **A**lanin, aus Guanin und Cytosin wird A**R**ginin, aus Adenin, Uracil und Adenin wird **I**soleucin und aus Guanin, Adenin und Guanin wird Glutaminsäure, welche mit **E** abgekürzt wird. Schon für einen einfachen Mädchennamen so ein Prozedere – man kann sich vorstellen, wie komplex die Abläufe bei Genomen mit zigtausenden Buchstaben sind …

27. Dezember 2020

Ein historischer Tag. Die ersten Europäer werden mit dem „Licht am Ende des Tunnels" geimpft, gerade noch rechtzeitig im ersten Corona-Jahr. Es ist jedoch nur ein kurz aufflackerndes Licht, danach umgibt uns erneut Dunkelheit. Der Tunnel der Bürokratie ist länger. Die EU hat die Bestellung der Impfstoffe für 27 Länder übernommen und versinkt im Impfchaos. „Zu wenig und zu langsam", tönt es von allen Seiten. Was anfangs für Jubel und Zustimmung sorgte, gilt rückblickend als Fehler. „Selten zuvor in der jüngeren Geschichte Europas hat eine relativ kleine Gruppe von Personen so existenzielle Entscheidungen so vergurkt" [15], schreibt Christian Ortner in der „Presse".

Dezember 2020

Österreichs Politik wirkt in dieser Zeit wie ein ungeordnetes Schlachtfeld. Oder sagen wir fairerweise wie ein parteipolitisches Schlachtfeld. Jeder und jede gegen jeden und jede. Die Regierung bemüht sich zwar wieder um eine einheitliche (türkis-grüne) Linie, wobei ihr das nur noch bei öffentlichen Auftritten mehr oder weniger gut gelingt – in vertraulichen Telefonaten mit Medien klingt das meist so: „Wir hätten ja eh, aber die Türkisen … aber die Grünen."

Die Opposition schießt jedenfalls aus allen Rohren. Freiheitliche, die gegen Impf- und Testzwang mobilisieren, wollen überhaupt Neuwahlen. Österreichs Liberale finden die eine oder andere

Regierungsmaßnahme in Ordnung, die meisten aber überzogen. Und in einer gar *weltweit einzigartigen* Situation befinden sich Österreichs Sozialdemokraten. Keine andere Regierungspartei kann eine so gut ausgebildete Virologin an der Spitze der Partei aufweisen, aber in Österreich kann einem das auch zum Nachteil gereichen. Frau Dr. Pamela Rendi-Wagner hat sich 2008 für Spezifische Prophylaxe und Tropenmedizin an der Medizinischen Universität Wien habilitiert und zuvor u. a. den Master of Science in Infection and Health in the Tropics an der University of London absolviert. Am letzten Tag des ersten Corona-Jahres sagt Michael Ludwig, Parteifreund und Bürgermeister von Wien, über die Vorsitzende der Sozialdemokraten: „Rendi-Wagner ist ihr Expertenwissen im Weg." Gemeint ist, dass dieses Expertenwissen der Oppositionsarbeit im Weg stehe. „Sie geht rational und vernünftig vor. Das ist gut und im Sinne der Bevölkerung. Für sie ist es dadurch aber schwieriger, ein Profil als Oppositionspolitikerin zu erlangen. Es spricht für sie, dass sie das Allgemeininteresse über parteipolitisches Interesse stellt. Es wird sich rentieren, dass man Sachpolitik betreibt und die Menschen erkennen, dass es nicht um kurzfristige parteipolitische Erfolge geht. Das ist nicht nur sympathisch, sondern mittelfristig auch sinnvoll."

Der Ärztin und Politikerin gelingt es nach einiger Zeit, mit ihren Vorschlägen beim politischen Gegner nicht nur Aufmerksamkeit zu erregen, sondern sie schafft es auch, dass diese zumindest teilweise als Regierungsstrategie übernommen werden. Man denke etwa an die sogenannten Wohnzimmertests oder die Nasenbohrertests an Schulen. „Wir testen uns damit quasi selbst aus der Krise heraus" [16], meinte Pamela Rendi-Wagner am 13. Dezember 2020 in der ORF-Pressestunde.

Testen, testen, testen

Die Weltgesundheitsorganisation WHO war nie eine Institution, die groß in die Öffentlichkeit drängte. Als Journalist wusste man um die Bedeutung ihrer Statistiken und ihre wertvolle Arbeit rund um den Globus. Im Verlauf der Corona-Pandemie waren plötzlich immer mehr öffentliche Scheinwerfer auf die Organisation in Genf gerichtet. Wer, wenn nicht die WHO, sollte wissen, wie mit einem weltweiten Gesundheitsproblem umzugehen wäre? „Die haben im Februar noch überlegt, wird das jetzt eine Pandemie oder nicht", sagt der frühere Gesundheitsminister Rudi Anschober. Man konnte sich des Eindrucks nicht erwehren, dass die Behörde vom Ansturm der Politik und der Medien sehr oft überrascht, manchmal wohl auch überfordert war. Klare Botschaften sind in einer Krisensituation notwendig, doch es dauerte immerhin bis 11. März 2020, bis WHO-Generaldirektor Tedros Adhanom Ghebreyesus die Ausbreitung des SARS-2-Virus zur Pandemie erklärte. Und es war Ghebreyesus, der drei Tage später als oberste Devise ausgab: „Testen, testen, testen!" Das war wesentlich leichter gesagt als getan. In sehr vielen Ländern fehlte das notwendige Equipment, um Tests durchzuführen. Zu diesem Zeitpunkt war klar: Genaue Ergebnisse konnten nur PCR-Tests liefern, die das Virus über die Erbsubstanz genetisch nachweisen konnten. Nationale Labors waren mit den vielen Testungen überfordert. Sehr schnell tauchten Gerüchte auf, es gebe exzellente Schnelltests, die das Virus aufspüren könnten – sogenannte Antigentests. Und hier begann und beginnt schon die Begriffsverwirrung, die für viele kaum noch zu enträtseln ist. Antigen: Hat das etwas mit Gen zu tun? Nein. Antigen ist die Abkürzung für „antibody generating". Das heißt, hier tauchen Substanzen auf, die den Körper veranlassen, Antikörper zu produzieren. Im Falle des SARS-2-Virus sind das bestimmte Proteine, die für das Virus typisch sind. Antigentests suchen also gezielt nach diesem Virus-Protein und zeigen dieses an. Sehr vereinfacht kann man sagen: Im Test selbst sind bestimmte Antikörper enthalten, die auf das Virus-Protein (Anti-GEN) reagieren, ein Antikörper hält das Virus-Protein fest, der andere zeigt an: „Gefunden". Wie beim Schwangerschaftstest dienen deshalb zwei Streifen als Diagnose-Anzeige.

Nach der ausgerufenen Test-Offensive der WHO versuchten viele politische Entscheidungsträger, das Testen voranzutreiben. Auch Österreichs Bundeskanzler Sebastian Kurz gab bald das Motto „Testen, testen, testen!" aus. Ein Problem, das sehr lange niemand lösen konnte, war die Ungenauigkeit der Antigen-Schnelltests. Das Problem liegt in der nicht geringen Fehleranfälligkeit dieser Tests. Vor allem, wenn ein Mensch eine relativ geringe Virenlast aufweist, erkennen diese Schnellverfahren eine Infektion nicht zuverlässig – das ist die sogenannte Sensitivität eines Tests: Wie viele Infizierte erkennt so ein Test sicher? Der deutsche Virologe Christian Drosten hatte von Anfang an Bedenken, was die Aussagekraft dieser Tests betrifft. Vor allem zu Beginn der ersten Symptome, glaubt der Mediziner, sei das Erkennungslevel „sehr gering". Nicht wenige Epidemie-Fachleute glauben, dass diese Tests vielleicht dreißig oder vierzig Prozent jener Personen erkennen, die am Beginn einer Infektion stehen. Der PCR-Test weist die Infektion nachweislich mit 99 % Wahrscheinlichkeit nach. Warum ist das so? Beim PCR-Test wird das Virusmaterial so oft vermehrt, bis etwas zu erkennen ist. Je öfter die Vermehrung stattfinden muss, umso weniger Viren sind im getesteten Menschen, umso weniger infektiös ist er. Die Wissenschaft nennt das den Ct-Wert, was für „cycle threshold" steht, also der Schwellenwert, ab dem das Virus erkennbar wird. Je höher der Wert ist, umso weniger Virusmaterial war ursprünglich da.

„Testen, testen, testen" hat also viele Tücken. Deshalb ist es auch schwierig, damit einfache Lösungen anzubieten: Wenn Antigen-Schnelltests bei Eingangskontrollen für viele Menschen eingesetzt werden, birgt das ein hohes Risiko für fehlerhafte Tests. Und zwar in beide Richtungen. Erkennt der Test Infizierte nicht, weil sie in einem frühen Stadium sind, können Menschen das Virus dort verbreiten. Schlägt er bei Gesunden falsch positiv an, müssen diese Ergebnisse über einen sicheren PCR-Test überprüft werden – ein enormer Aufwand. Sobald im Laufe einer Pandemie wirksame und sichere Impfstoffe entwickelt sind, werden die Tests zunehmend unwichtig – deshalb haben viele Länder im Laufe der Corona-Pandemie auch zur Devise gegriffen: Jede und jeder, der oder die wieder am öffentlichen Leben uneingeschränkt teilnehmen will, muss eine dieser drei Bedingungen erfüllen: „Genesen, Geimpft oder Getestet". Wer durch eine Zweifach-Impfung immunisiert ist, muss zu keinem Test mehr gehen, wer die Krankheit überstanden hat, auf absehbare Zeit auch nicht. Es wird sicher eine der großen Lehren aus der Corona-Pandemie sein, die Teststrategie klug auszuwählen, um mit geringstmöglichem Aufwand die besten Effekte zu erzielen. Einfach drauflos zu testen, hat für viele Zahlensalate gesorgt, die schlussendlich nicht mehr einordenbar waren. Simulationsforscher Niki Popper fasst es so zusammen: „Zahlen, die nicht wirklich belastbar sind, machen nicht nur die Berechnungen unsicher, sie zeichnen auch ein falsches Bild der Situation, was Entscheidungen schwer bis unmöglich macht."

2021

Nie mehr ein Jahr wie 2020 – die Neujahrshoffnungen 2021 erfüllen sich schon von Beginn an nicht. Der harte Lockdown muss fortgesetzt werden. Fünf Tage vor ihrem Rücktritt wegen diverser Plagiatsvorwürfe rund um ihren akademischen Titel muss Arbeitsministerin Aschbacher in einer Pressekonferenz die Zahl 521.000 auf den Tisch legen. So viele Menschen sind in Österreich arbeitslos, der höchste Wert seit den Rekordzahlen im April 2020.

Und den Menschen reicht es – die ersten gehen auf die Straße. Am 16. Jänner werden bei einer Demonstration gegen Corona-Maßnahmen in Wien mehr als 10.000 Teilnehmer gezählt, weitere Demos werden später wegen des hohen Infektionsrisikos untersagt.

Zudem zeigt sich, die Politik hat weltweit die Hoffnungen auf ein Ende der Pandemie zu hoch angesetzt. Mutationen sind schneller, als zu diesem Zeitpunkt Impfmengen sein können.

Aus Großbritannien kommt B.1.1.7, aus Südafrika B.1.351. Was all die Zahlen bedeuten, ist den Menschen egal, sie sehnen sich nach der versprochenen Normalität, die 2021 rasch zurückkehren werde. Das wäre sie vielleicht auch, hätte man es nur mit dem Ausgangsvirus zu tun gehabt. Oder – und damit wird es vorerst nichts – wären von Beginn an ausreichend Impfdosen zur Verfügung gestanden. Aber so kennzeichnen Lieferprobleme, undurchsichtige Verträge der EU-Kommission mit Pharmakonzernen und EU-internes Feilschen um Zuteilungsquoten auf die Mitgliedsländer die ersten Wochen und Monate des neuen Jahrzehnts. Und – wie nicht anders zu erwarten – „menschelt" es in den Städten und Gemeinden – 150 Jahre nach Erscheinen von Friedrich Nietzsches philosophischer Schrift

Menschliches, Allzumenschliches. Manche Bürgermeister und andere Lokalpolitiker lassen sich frühzeitig impfen, weil „doch Dosen übrig geblieben sind", und pfeifen auf den amtlichen Impfplan, obwohl zu diesem Zeitpunkt (Ende Jänner 2021) erst 0,8 % der Bevölkerung teilgeimpft sind.

Gleichzeitig wird am 29. Jänner 2021 als dritter Impfstoff (nach BioNTech/Pfizer und Moderna) der von AstraZeneca und der Universität Oxford entwickelte Impfstoff in der EU zugelassen. Einfach hat es dieser Impfstoff nicht, stellt sich doch kurze Zeit nach der Zulassung heraus, dass die Wirksamkeit enorm vom Alter des zu Impfenden abhängig ist.

Am 7. Februar geht der dritte harte Lockdown zu Ende. Schulen (Oberstufenklassen), Kultureinrichtungen und der Handel werden wieder geöffnet – wohl ist dabei den wenigsten.

Einen unglaublichen Aufschwung erleben Tests und vor allem das „Reintesten", das erstmals bei der Inanspruchnahme einer körpernahen Dienstleistung verpflichtend wird. Neue Frisur ja, aber nur wenn ein negativer COVID-19-Test vorgezeigt werden kann.

Als die Kritik an zu imposant wirkenden Medieninszenierungen der Politik immer größer wird, findet man auch hierzulande zu einer für Medien aufbereiteten Mischung an Wissenschaft, Regierungspolitik und sogar Auftritten von Ländervertretern – und das ebenso in parteipolitisch anderer Farbe als Türkis oder Grün. Spätestens, als der sozialdemokratische Bürgermeister von Wien neben dem türkisen Bundeskanzler auftreten darf, ist klar: Die Bundesregierung hat erkannt, dass sie mehr Menschen in die politischen Abläufe einbinden muss. Umso mehr als immer mehr ÖVP-Größen – Finanzminister Gernot Blümel, Ex-Justizminister Brandstetter sowie der Justizressort-Sektionschef Pilnacek – ins Visier der Justiz geraten.

„Ein Dominostein fällt auf den anderen, scheinbar unaufhaltsam und immer schneller. Die umfallenden Steine bewegen sich auf eine Person zu: Bundeskanzler Sebastian Kurz" [17], schreibt Fabian Schmid im Standard. Diese Polit-Affären (Casino-Affäre und Wiener Bauaffäre) verdrängen das Corona-Thema aus den Headlines der Medien. Aber nicht wirklich.

Als im Frühjahr 2021 nicht nur in Österreich, sondern letztlich in ganz Europa und anderen Teilen der Welt die „Welle drei" anrollt, dreht sich in den Medien erneut alles um Corona. Fallzahlen, 7-Tages-Inzidenzen und Belegung von Intensivbetten kennen nur noch eine Richtung: steil nach oben.

13. April 2021

Es ist ein Dreizehnter. Zwar kein Freitag, nur ein Dienstag, aber für ein kleineres politisches Erdbeben in Österreich reicht er. Am 13. April 2021 sagt ein Mann, der sich mit dem Antritt seines Amts auf ein durchaus schwieriges, aber in normalen Zeiten bewältigbares Arbeitsleben eingestellt hat: „Ich kann nicht mehr ..."

Rudolf „Rudi" Anschober, Gesundheits- und Sozialminister und ab der 7. Woche seiner Ministertätigkeit Pandemie-Minister, der nun „14 Monate ohne einen wirklich freien Tag durchgearbeitet" hat, tritt zurück. Er fühlt sich nach zwei Kreislaufkollapsen innerhalb weniger Wochen ausgelaugt und überarbeitet.

Medien berichten immer wieder davon, dass er bereits einige Jahre zuvor als Mitglied der oberösterreichischen Landesregierung für einige Monate an einem Burn-out gelitten hatte, und auch der

Koalitionspartner ÖVP führt demonstrativ ausschließlich gesundheitliche Probleme des „Problemministers" an. In seiner Abschiedspressekonferenz bedankt sich der grüne Pandemie-Minister bei sehr vielen Menschen, mit keinem Wort jedoch beim Koalitionspartner und ÖVP-Bundeskanzler Kurz. Eine der bekanntesten innenpolitischen Kommentatorinnen der letzten Jahrzehnte, Anneliese Rohrer, analysiert das folgendermaßen:

„Trotz des Lobes und der vielen guten Worte, die er im Land des Lächelns und der Heuchelei für seinen Rückzug geerntet hat, hätte Anschober eine ganz andere Abschiedsrede halten können. Was, wenn er gesagt hätte: ‚Meine Damen und Herren, ich trete als Gesundheitsminister mit sofortiger Wirkung zurück. Erstens: Ich habe keine Kraft mehr. Zweitens: Es sind Fehler passiert. Drittens: So geht das nicht! Was, wenn er aufgezählt hätte, was alles nicht geht? Dass auf den heutigen Tag genau vor einem Jahr, am 17. April 2020, Kanzleramtsministerin Karoline Edtstadler nach den Fehlern beim berüchtigten Ostererlass Regierungskollege Anschober die Schuld gegeben hat: ‚... erwarte ich mir, dass er die Sache in die eine oder andere Richtung rasch klärt und die Bevölkerung nicht lang in Unsicherheit lässt.' Dass sich schon da seine Partei nicht schützend vor ihn gestellt hat. Dass bereits im Juli 2020 die ersten Rücktrittsaufforderungen auf dem mit Millionen Euro Steuergeld gepflasterten Wiener Boulevard aufgetaucht sind und niemand in Regierung oder Partei dagegen aufgetreten ist. Dass ihm Kanzler Sebastian Kurz im Sommer 2020 öffentlich attestierte, er ‚bemühe' sich sehr, eine Redewendung, die sich nur in Arbeitszeugnissen findet, wenn man sagen will: nicht geeignet. Dass ihn im März Bundeskanzler Kurz mit harscher Kritik an der Impfstoffbeschaffung just während eines Aufenthalts im Krankenhaus desavouiert hat. Dass ihn auch da seine Partei und vor allem sein

Freund, Vizekanzler Werner Kogler, ‚allein gelassen' haben. Ob aus
Koalitionsräson oder Feigheit, wisse er nicht, aber: So geht das nicht.
Dass seine ‚Familie' (© Klubobfrau Sigrid Maurer über die Grünen)
geschwiegen hat, als der Gesundheitssprecher der Neos, Gerald Loa-
cker, im Parlament sagte: Hätte Anschober ‚nur ein Deka Anstand,
würde er von selbst den Hut nehmen'. Dass die Doppelbödigkeit von
Niederösterreichs Landeshauptfrau, Johanna Mikl-Leitner, unakzep-
tabel gewesen ist. Zuerst habe sie sich gegen den Lockdown vor Ostern
gestemmt, um dann ihm die Schuld an dem Gezerre um regionale
Schließungen zu geben: Es gelinge dem Gesundheitsministerium nicht,
eine nachvollziehbare Vorgehensweise für alle Länder zu entwickeln.
(...) Seit der ersten Schikane aus den Reihen des Koalitionspartners vor
genau einem Jahr hätte Anschober das Spiel durchschauen können." [18]

Bei Erscheinen dieses Buches werden die Gründe für den Rücktritt
irrelevant sein. Als jemand, der den Politiker Anschober seit 1990,
also mehr als 30 Jahre lang kennt, darf man sich dieses Resümee
erlauben: In der dargestellten Schärfe haben beide Seiten unrecht.
Weder war Anschober der „komplette Chaot", der ein Ministerium
nicht ordentlich habe führen können (abgesehen davon, dass sich
Teile seines vorgegebenen Beamtenapparats in Pandemiezeiten
wahrlich nicht ausschließlich mit Ruhm bekleckert haben), noch
war der Rudi Anschober ausschließlich Opfer. Der Mann war
konsensorientiert. Und wenn etwas in Krisenzeiten (leider) nicht
funktioniert, dann ist es *diese* Eigenschaft.

Außerdem ist der Rücktritt eines Gesundheitsministers in einer
Pandemie bei Weitem kein österreichisches Phänomen. In Brasilien
stolperten im ersten Jahr der Pandemie gleich drei Gesundheitsminister, was aber am autoritären rechtspopulistischen Präsidenten Jair

Bolsonaro lag, der COVID-19 praktisch durchgehend als „kleine Grippe" verharmloste. Und das trotz dramatisch hoher Toten- und Infektionszahlen, trotz überfüllter Intensivstationen und der eigenen Corona-Erkrankung.

Genauso viele Gesundheitsminister gaben im ersten Pandemiejahr in Tschechien auf – aus unterschiedlichsten Gründen. Zwei von ihnen, weil der tschechische Premier Andrej Babiš es anordnete.

Der slowakische Regierungschef Igor Matovič hatte den Impfstoff Sputnik in Moskau bestellt und die erste Lieferung, ohne dass Sputnik von den Gesundheitsbehörden zugelassen worden war, selbst vom Flughafen abgeholt. Gehen mussten letztlich Gesundheits- und Premierminister.

Auch in Lettland bedeutete Corona das Aus für den zuständigen Minister. Wie in Argentinien, Peru, Ecuador, Rumänien und Österreich. Die Liste der gescheiterten Minister wird heute wohl deutlich länger sein.

Mitte April 2021 versucht es dann in Österreich wieder einmal ein Quereinsteiger. Dr.med. Wolfgang Mückstein, 46 Jahre alt, ist der Neue. Die Problematik ist die alte. Das Volk hasst Lockdowns von Tag zu Tag mehr, die Politik muss sie trotzdem durchziehen, beliebt wird man damit nicht. Egal, in welcher Regierungsfunktion, egal in welchem Land.

Mückstein hat als Allgemeinmediziner einen fachlichen Startvorteil. Von der zwischen Medien und Politik jahrzehntelang zumindest in Ansätzen gültigen 100-Tage-Schonfrist kann ein Politiker 2021, noch dazu in einer Weltkrise, nur träumen. Diese Art Stillhalteabkommen geht übrigens selbst auf den Hunderter zu. Allerdings Jahre. 1933 hatte sich der frisch gewählte US-Präsident Franklin D. Roosevelt von der US-Presse eine Schonfrist von 100 Tagen auserbeten, nach denen die Wirkung seines Reformprogramms, des *New Deal*, im Kampf gegen die Weltwirtschaftskrise zumindest in Konturen sichtbar werden sollte.

Wolfgang Mückstein ist für die meisten in diesem Land ein unbeschriebenes Blatt, aber schon am ersten Tag seiner Angelobung wird er schlagartig bekannt. Zur Angelobung in der Hofburg erscheint er bei Bundespräsident Alexander Van der Bellen in weißen Sneakers. Die Aufregung ist groß, manche sind entsetzt, manche entsetzt über die Entsetzten, denn das Schuhwerk eines Regierungsmitgliedes dürfe doch im 21. Jahrhundert keine Rolle mehr spielen. Jedenfalls ist der neue Minister ausgebildeter Allgemeinmediziner mit dem Zusatz-Bachelor für Akkupunktur – nach einem Studium der Traditionellen Chinesischen Medizin. Tätig war er unter anderem in der Ärztekammer und bei den Grünen Ärzten, und schließlich Mitglied im grünen Verhandlungsteam bei der Bildung einer Koalition von ÖVP und Grünen. Wie in jedem Land muss sich auch dieser Gesundheitsminister einer Hauptfrage stellen: Wie können wir den Wettlauf Impfquote gegen neue Corona-Mutanten gewinnen?

Viele Länder, so auch Österreich, stecken in diesem Frühjahr 2021 längst in der dritten Corona-Welle. Aus den zum 1-Jahr-Jubiläum (15. März 2020) geplanten Öffnungen in der Gastronomie ab dem 15.März 2021 ist nichts geworden, im Gegenteil, Lockdowns werden wieder verlängert, der Unmut der Bevölkerung scheint kaum noch in den Griff zu bekommen. Zu allem Überfluss ertönen von der medizinischen Front neue Hiobsbotschaften. Die Europäische Arzneimittelbehörde (EMA) muss einen extrem selten auftretenden Wirkungszusammenhang zwischen dem Impfstoff von Astra Zeneka und Thrombosen bestätigen.

Die Hoffnung auf tatsächliche Entspannung der Corona-Lage 2021 ist – wie schon im Jahr zuvor – erst mit deutlich höheren Außentemperaturen berechtigt.

Schrittweise kehrt Europa in die sogenannte Normalität zurück. Impfungen in immer höherem Tempo, Massentests und aufrechte Maskenpflicht in sensiblen Bewegungszonen des Menschen haben den Erfolg möglich gemacht.

Doch dann kommt Delta (siehe S. 188, 192, 194).

Dennoch: Spätestens, als in der medialen Berichterstattung politische Skandale und Unglaublichkeiten zurückkehren, spüren wir: COVID-19 verliert in der 24/7-Nachrichtenwelt seine Alleinstellung. Aber nur auf den ersten Blick. Immer mehr werden die Kollateralschäden dieser entsetzlichen Pandemie sichtbar. Dutzende Millionen Schulkinder und Jugendliche kämpfen wegen der teils monatelang geschlossenen oder nur im Notbetrieb offenen Schulen gegen depressive Stimmungen an, ziehen sich zurück oder versinken in aggressionsfördernden virtuellen Welten. Beziehungen scheitern schneller als je zuvor, Familien werden auf Zerrüttung zurückgeworfen, Ehemänner und Ehefrauen quer durch alle sozialen Schichten tun Dinge, die man ihnen nie zugetraut hätte. Aber man muss nicht ins Psychologische oder Soziologische gehen oder sich mit Sinnfragen auseinandersetzen, auch materielle, ja existenzielle Sorgen treiben die unterschiedlichsten Teilnehmerinnen und Teilnehmer des gesellschaftlichen und wirtschaftlichen Lebens in tiefe Verzweiflung. Denn wie kann all das in fast zwei Corona-Jahren Zurückgefahrene, Zerstörte oder Aussichtslose wieder in Gang gebracht werden?

Andererseits treibt die Menschen eine ganz andere Frage um und an: *Kann* und *soll* alles so werden wie früher? Wollen wir unsere alte Tempowelt zurück oder sind wir neustartfähig? Dazu willig?

Letztlich sind das sehr individuelle Entscheidungen. Die Politik kann Rahmenbedingungen aufstellen. Und das sollte sie auch.

Jene, die darauf eine eindeutige Antwort geben können, sind uns suspekt. Manche Denker wissen aber ganz genau, wie es weitergehen soll.

Entscheidung A: Zurück in die Vergangenheit

Christian Ortner, Meganeoliberaler aus Wien, plädiert: *„Bitte Wohlstand für alle statt ‚glücklich sein mit weniger‘"* und schreibt am 5. Juni 2021 in der Tageszeitung „Die Presse": *„Nun ist die Sehnsucht nach dem Lockdown als paradiesischer Lebensform wohl nicht mehrheitsfähig – aber sie ist öfter zu spüren, als man bei Anwendung auch nur halbwegs rationaler Kriterien vermuten würde (…) Gemeinsam ist diesen Kräften, dass sie die Errungenschaften der sozialen Marktwirtschaft der vergangenen Jahrzehnte beschneiden und durch eine Unkultur des erzwungenen Verzichtes ersetzen wollen. Wenn sogar Frans Timmermans, immerhin Mitglied der EU-Kommission, verlangt, die Anzahl der Flüge von EU-Bürgern müsse auf einen pro Jahr beschränkt werden, also ähnlich organisiert wie die Zuteilung von Bananen oder Jeans in der DDR, dann merkt man, wie weit dieser Irrsinn bereits in die Mitte der Politik eingedrungen ist. (…) Weil aber noch nicht alle Menschen hinreichend von den Segnungen des Verzichtes, der Ent-104sagung und der von Brüsseler Bürokraten zugeteilten Flugreise-Berechtigungsscheine überzeugt sind, treten nun verstärkt Propagandisten auf, die uns dazu bringen wollen, die künftigen künstlich herbeigeführten Entbehrungen nicht als das zu empfinden, was sie sind: eine einzige Zumutung, sondern als geradezu beglückende Erfahrungen."[19]*

Entscheidung B: Aus Lockdowns lernen –
Besinnung und Entschleunigung

Interessanterweise haben einige „Träumer" – und das ist durchaus im positiven Sinne gemeint – schon unmittelbar nach dem allerersten Lockdown im Frühjahr 2020 von einer neuen, anderen Welt *nach* Corona geträumt. Etwa der Zukunftsforscher Matthias Horx. Unter dem Titel „Wie wir uns wundern werden, wenn die Krise ‚vorbei' ist", schreibt er, dass wir niemals in die Normalität zurückkehren werden. Nach einer ersten Schockstarre würden viele von sich sogar erleichtert feststellen, *„dass das viele Rennen, Reden, Kommunizieren auf Multikanälen plötzlich zu einem Halt kam. Verzichte müssen nicht unbedingt Verlust bedeuten, sondern können sogar neue Möglichkeitsräume eröffnen. Das hat schon mancher erlebt, der zum Beispiel Intervallfasten probierte – und dem plötzlich das Essen wieder schmeckte. Paradoxerweise erzeugte die körperliche Distanz, die der Virus erzwang, gleichzeitig neue Nähe. Wir haben Menschen kennengelernt, die wir sonst nie kennengelernt hätten. Wir haben alte Freunde wieder häufiger kontaktiert, Bindungen verstärkt, die lose und locker geworden waren. Familien, Nachbarn, Freunde sind näher gerückt und haben bisweilen sogar verborgene Konflikte gelöst. Die gesellschaftliche Höflichkeit, die wir vorher zunehmend vermissten, stieg an. (…) Gleichzeitig erlebten scheinbar veraltete Kulturtechniken eine Renaissance. Plötzlich erwischte man nicht nur den Anrufbeantworter, wenn man anrief, sondern real vorhandene Menschen. (…) Menschen, die vor lauter Hektik nie zur Ruhe kamen, auch junge Menschen, machten plötzlich ausgiebige Spaziergänge (ein Wort, das vorher eher ein Fremdwort war). Bücher lesen wurde plötzlich zum Kult. (…) Damit hat sich das Verhältnis zwischen Technologie und Kultur verschoben. Vor der Krise schien Technologie das Allheilmittel, Träger aller Utopien. Kein*

Mensch – oder nur noch wenige Hartgesottene – glauben heute noch
an die große digitale Erlösung. Der große Technik-Hype ist vorbei. Wir
richten unsere Aufmerksamkeit wieder mehr auf die humanen Fragen:
Was ist der Mensch? Was sind wir füreinander? (…) Wir werden uns
wundern, wie weit die Ökonomie schrumpfen konnte, ohne dass so etwas
wie »Zusammenbruch« tatsächlich passierte, der vorher bei jeder noch
so kleinen Steuererhöhung und jedem staatlichen Eingriff beschworen
wurde. (…) Wir werden uns wundern, dass sogar die Vermögensverluste
durch den Börseneinbruch nicht so schmerzen, wie es sich am Anfang
anfühlte. In der neuen Welt spielt Vermögen plötzlich nicht mehr die
entscheidende Rolle. Wichtiger sind gute Nachbarn und ein blühender
Gemüsegarten.“ [20]

Matthias Horx dürfte sich geirrt haben. Leider. Von einem nachhaltigen
Umdenken nach knapp zwei Jahren Corona ist kaum noch etwas
spürbar. Natürlich werden Lockdown-Säulen wie das Homeoffice für
arbeitende Menschen nicht nur überleben, sondern gehalten und auf
verstärktem Fundament stehen. Aber schon in der Bildung hat sich
gezeigt, dass Distance-Learning eine recht schlechte Alternative zum
Unterricht in Schulen ist. Das Image der Lehrerinnen und Lehrer
wird wohl gestiegen sein, mussten doch viele Eltern erkennen, dass
sie vieles für ihre schulpflichtigen Kinder sein können, nur keine von
diesen akzeptierten Ersatzlehrer im Kinder- oder Wohnzimmer.

Manche Philosophen wollen es nach wie vor nicht wahrhaben,
dass Lockdowns Menschen des 21. Jahrhunderts nur kurzfristig
entschleunigen. Mittel- und langfristig gelingt dies kaum, nicht,
weil es das Tempowesen des Konsumkapitalismus nicht könnte,
sondern weil es die Menschen nicht wollen. Verschobene Autokäufe

werden im Rekordtempo nachgeholt, weil der Nachbar ja schon vor Corona-Zeiten mit einem moderneren Wagen auf sich aufmerksam gemacht hat. Urlaubsreisen boomen 2021 schon vor dem Sommerbeginn in einem Ausmaß, als wäre es die letzte aller Möglichkeiten, noch einmal in den Süden zu fliegen.

Und Innehalten?

Sicher nicht. Die Menschen freuen sich, endlich wieder Restaurants, Bäder oder Fußballstadien stürmen zu dürfen.

Was von Corona *bleibt*, sind Entscheidungen und Fragen:

- Wie bauen wir in den kommenden Jahren Mensch und Wirtschaft wieder auf, und wer wird das alles bezahlen?
- Kann das alles wiederkommen oder haben wir Corona wirklich im Griff?
- Haben wir vielleicht doch irgendetwas aus dieser Weltkrise gelernt?

Genau darum soll es in den folgenden Kapiteln gehen. Wie konnte aus einem gut klebrigen, rollenden Schneeball eine gigantische Problemkugel werden? Die COVID-19-Pandemie sorgte für die schlimmste Weltwirtschaftskrise in Friedenszeiten mit den historisch größten Wohlstandseinbrüchen, Firmenpleiten und der größten Massenarbeitslosigkeit. Aber nicht nur das: Jahrzehntelang gepredigte ökonomische Dogmen wurden innerhalb weniger Wochen, ja Tage, über den Haufen geworfen. Auch den noch so von ihrem Kurs überzeugten Neoliberalen kann Wirtschaftspolitik plötzlich nicht links genug sein. Die Ökonomie steht Kopf.

COVID-19 bedarf viel mehr als „reiner" Gesundheitspolitik.

EXKURS: Die Corona-Berichterstattung des ORF – ein Rückblick

Am 15. März 2020 wurde in Österreich der erste Lockdown verkündet. Die Rede des Bundeskanzlers, die von „Zeit im Bild" um 19:30 Uhr ausgestrahlt wurde, verfolgten rund 2,7 Millionen Österreicherinnen und Österreicher. Damit wurde die höchste ORF-Reichweite seit Beginn der elektronischen Messung erzielt. Dies bildete den Auftakt für zahlreiche adaptierte und neue ORF-Serviceangebote in den Programmsäulen Information, Kultur, Sport, Religion und Unterhaltung in TV, Radio und auf verschiedenen Onlineplattformen. Die Programmerweiterungen sind vor allem auf das große Informationsbedürfnis der Österreicherinnen und Österreicher sowie auf die abrupt geänderten Alltagsgewohnheiten, die aufgrund der coronabedingten Einschränkungen eintraten, zurückzuführen. All die unternehmerischen und programmlichen Maßnahmen des ORF verfolgten ein und dasselbe Ziel: den Österreicherinnen und Österreichern in diesen ungewissen und herausfordernden Zeiten ein verlässlicher Partner zu sein.

Platz	Sender	Titel	Tag	Datum	Beginn	Dauer	DRW %	DRW Tsd
1	ORF	ZEIT IM BILD 1 (CORONA-KRISE)*	So	15.03.2020	19:30	00:44	36,1	2.719
2	FS1	DIE PETER ALEXANDER SHOW	Sa	21.12.1991	20:16	01:37	40,9	2.585
3	ORF2	THEMA SPEZIAL NATASCHA KAMPUSCH 1. INTERVIEW	Mi	06.09.2006	20:15	00:47	37,0	2.554
4	FS1	DAS TRAUMSCHIFF	Di	01.01.1991	20:17	01:29	39,8	2.519
5	FS1	CROCODILE DUNDEE	Sa	05.01.1991	20:15	01:33	39,1	2.473
6	FS1	VILLACHER FASCHING	Di	03.03.1992	20:15	02:00	35,9	2.321
7	FS1	DIE RUDI CARRELL SHOW	Sa	20.04.1991	20:15	01:35	35,6	2.253
8	ORF2	BUNDESLAND HEUTE	Mo	16.03.2020	19:00	00:22	29,5	2.223
9	ORF1	WM ABFAHRT HERREN	Sa	08.02.2003	12:29	01:14	32,6	2.217
10	FS2	TATORT	So	20.01.1991	20:16	01:21	35,0	2.212
11	FS2	ZWEI MÜNCHNER IN HAMBURG	Mo	23.09.1991	20:18	00:51	34,6	2.191
12	ORF1	FUSSBALL EM 2. Halbzeit (Deutschl.-Öst. / Polen-Kroatien)	Mo	16.06.2008	21:46	00:49	31,1	2.189

Reichweitenstärkste ORF-Sendungen seit 1991 — Alle Ebenen / E12+

*ZIB1-Durchschaltung auf allen vier ORF-Kanälen

Der Tag, an dem wir zu Leoparden wurden

Der ORF meint es gut mit seinen Mitarbeiterinnen und Mitarbeitern. Deshalb sind die Sicherheitsvorkehrungen streng, vor allem in Zeiten einer Pandemie. Es war an einem Donnerstag im April 2020, als angekündigt wurde, dass wir uns aus Sicherheitsgründen, um eine mögliche Ansteckung zu vermeiden, in Zukunft selbst schminken müssten. Und so wurden wir in den Schminkräumen mit Utensilien ausgestattet, die wir zwar vom Sehen kannten, deren Anwendung uns aber vor große Rätsel stellte: Make-up, Puder, Deckcremen und allerlei andere Dinge. Unsere großartigen Maskenbildnerinnen gaben uns noch einige Tipps mit auf den Weg, dann schlich ich mit einem sogenannten „Kosmetikbeutel" – es war mehr die Büchse der Pandora – und sehr gemischten Gefühlen in Richtung Büro. Der nächste Auftritt ließ nicht lange auf sich warten – vor dem Studio sah ich bereits Hans Bürger mit den kleinen Tiegeln und Dosen hantieren. Wir waren ja gut beraten worden, aber so eine Visage lässt sich halt nicht durch Malen nach Zahlen sendungstauglich machen. Ich griff ordentlich in die Dose und verteilte die Creme großzügig auf der Stirn, der größten Angriffsfläche, die ich ausmachen konnte. Nun sollte ich nur noch den Rest an diesen Teint angleichen. Dies entpuppte sich als etwas schwieriger als gedacht, denn plötzlich waren verschiedene Schattierungen zu sehen, ähnlich den Übergängen der Fugenmasse auf einer gefliesten Wand. Du schaust aus wie ein Leopard, dachte ich mir. Die Sendung begann, und ich musste vor die Kamera. Unglücklicherweise hatten meine beherzten Schminkversuche auch noch einen Fleck auf meinem Sakko hinterlassen. Tüpfelhyäne und Leopard waren optisch friedlich auf mir vereint. Man hätte diese Sendung auch „Im Paradies der Tiere" nennen können. Unser Publikum ist dankenswerter Weise ein sehr gnädiges und rügte mich nicht für meinen Mode-Ausflug in die Serengeti. Intern war es etwas anders: Nach der Sendung erreichte mich eine liebevolle E-Mail von unseren Maskenbildnerinnen mit einer eindeutigen Botschaft: „Lieber Herr Mayr, ein BISSCHEN Abdeckpuder genügt an sich bei Ihnen." Ich wandte mich an Hans, der ja schon unzählige Sendungen hinter sich hatte. „Kennst du dich da aus mit dem Schminken?" Seine ratlose Antwort darauf werde ich nie vergessen: „Keinen blassen Schimmer – und den sieht man dann auch noch auf Sendung." Der blasse Schimmer – er fehlt uns bis heute. Gepriesen sei der Tag, an dem die Sicherheitsvorkehrungen gelockert wurden, und wir uns wieder den kundigen Händen unserer Profis anvertrauen durften.

Information in Zeiten von Corona – Berichterstattung des ORF

Besonders die faktenbasierten und Constructive-News-Formate des ORF, die eine Hilfestellung für den alltäglichen Umgang mit der Pandemie boten, sorgten für großen Publikumszuwachs. 46 der TV-ORF-Infosendungen verzeichneten im ersten Lockdown-Monat mehr als zwei Millionen Zuschauerinnen und Zuschauer. Insgesamt haben seither 667 Sendungsausgaben mehr als eine Million Menschen erreicht. Außerdem finden sich unter den 2000 meistgesehenen TV-Sendungen im Jahr 2020 in Österreich (Basis E12+, Sendungen mit mehr als 5 Minuten Sendungslänge) 1997 im ORF ausgestrahlte Produktionen, davon 1330 aus dem Bereich der Information. Die ZIB-Ausgaben des ORF um 19.30 Uhr verzeichneten seit dem 15. März 2020 ein Plus von 539.0000 Seherinnen und Sehern und 12

Prozentpunkte Marktanteil. In den jungen Zielgruppen wurde der Marktanteil um 20 bzw. 18 Prozentpunkte gesteigert, die *ZIB 2* (inklusive jener am Sonntag) steigerte ihre Reichweite um 148.000 Zuseherinnen und Zuseher.

Einige programmliche Höhepunkte

Seit Mitte März 2020 informierte der ORF die Österreicherinnen und Österreicher in mehr als 1000 Sonder- und Spezialsendungen in Fernsehen und Radio sowie in einem eigens eingerichteten Corona-Info-Point auf ORF.at über die Entwicklungen bezüglich der Pandemie. Allein im ersten Monat, vom 15. März bis 14. April 2020, zeigte das ORF-Fernsehen in ORF 1, ORF 2, ORF III und ORF SPORT + 224 (Info-)Sondersendungen zur Corona-Krise in einer Länge von 185 Stunden.

Groß war auch das Interesse an der regionalen Berichterstattung: *Bundesland heute* war am 15. März mit 2,249 Millionen Zuseherinnen und Zusehern bei 63 Prozent MA die meistgesehene Sendung seit 1995. Seitdem gab es zudem 13 Ausgaben über der 2-Millionen-Marke und Höchstwerte in den jeweiligen regionalen Zielgruppen mit Marktanteilspitzen von bis zu 88 Prozent (Vorarlberg und Kärnten), 82 Prozent (Kärnten und Salzburg) und 81 Prozent (Tirol). Insgesamt verzeichnet *Bundesland heute* seit einem Jahr ein Plus von 6 Prozentpunkten MA.

Guten Morgen Österreich legte im Vergleichszeitraum täglich um 23.000 Zuseherinnen und Zuseher zu und steigerte den Marktanteil um 4 Prozentpunkte. Das ORF-Frühfernsehen bleibt auch im Februar 2021 unangefochtener Marktführer mit im Schnitt 116.000 Reichweite bei 27 Prozent MA.

Die ORF-Magazine steigerten ihre Reichweiten zwischen 24.000 (*Report*) und 101.000 (*Eco*), die täglichen Magazinsendungen der ORF-2-Daytime legten bis zu 97.000 Reichweite *(Aktuell nach fünf)* und 5 Prozentpunkten Marktanteil (*ZIB 13*) zu.

Besondere Kompetenz beweist ORF III Kultur und Information mit der Sonderberichterstattung zur Corona-Krise seit Februar 2020 mit u. a. zahlreichen *ORF III AKTUELL*-Sondersendungen unter der Leitung von ORF-III-Chefredakteurin Ingrid Thurnher.

Im Gesundheitsbereich trägt ORF III der Pandemie ebenfalls Rechnung: neben den Regelformaten *MERYNS sprechzimmer* und *treffpunkt medizin* mit der von Ende Februar bis April gestalteten Live-Call-in-Sendung *MERYNS sprechzimmer Spezial* bzw. seit September mit der wöchentlichen Vorabend-Sendung *MERYN am Montag.*

Auch das Informationsbedürfnis der Hörerinnen und Hörer der ORF-Radios Hitradio Ö3, Ö1, FM4 oder der ORF-Regionalradios war in diesem Corona-Jahr besonders groß. Beispielsweise hatte das *Ö1-Morgenjournal* 347.000 werktägliche Hörerinnen und Hörer und das *Ö1-Mittagsjournal* 362.000 werktägliche Hörerinnen und Hörer.

Hitradio Ö3 änderte aufgrund der Pandemie ab 16. März 2020 sein Schema und sendete von 9.00 bis 24.00 Uhr *Das Ö3-Gemeinderadio – WIR.GEMEINSAM.JETZT!* – mit sehr vielen aktuellen Informationen.

FM4 hat mit der Sendung *Stay at Home, Baby!* ein Format geschaffen, das die aktuellen Ereignisse thematisierte und für Gesellschaft und Unterhaltung in den eigenen vier Wänden sorgte.

ORF.at: news.ORF.at informiert seit Beginn der Pandemie in bis zu einem Dutzend Storys täglich über den Verlauf der Pandemie, auch unter Berücksichtigung der wirtschaftlichen und gesellschaftlichen Folgen. Der *Infopoint Coronavirus* fasst überdies alle wichtigen Serviceinformationen zentral zusammen. Die intensive Nutzung der Berichterstattung zeigen u.a. 179 Mio. Visits, 929 Mio. Page Impressions und 19,8 Mio. Unique Clients im März 2020 für das ORF.at-Netzwerk (Web und Apps, ÖWA Basic), was den bisherigen Allzeitrekord bedeutet. Wie anhaltend das Publikumsinteresse war, zeigt der Monatsschnitt von 134,4 Mio. Visits von März 2020 bis Feb. 2021, was ein Plus von 39 Prozent zum Monatsschnitt März 2019 bis Feb. 2020 bedeutet.

ORF-TVthek / ORF-Online-Bewegtbildangebot: Die *ORF-TVthek* (Web und Apps) bringt seit einem Jahr alle ORF-TV-(Sonder-)Sendungen live und on Demand sowie zahlreiche „Im Fokus"-Schwerpunkte. Dazu kamen bis Ende Februar 2021 mehr als 470 Pressekonferenzen / Statements etc. im Rahmen von *Live Spezial*, und eine *ORF 1 Freistunde*-Seite für die Dauer der Schulschließungen. Auch für die ORF-TVthek (Web und Apps) war laut interner Statistik der März 2020 mit 19,9 Mio. Visits der bisher stärkste Monat seit ihrem Bestehen, und der Schnitt von 12,9 Mio. Visits pro Monat von März 2020 bis Februar 2021 bedeutet eine Steigerung um 53 Prozent.

Bei den Streamingangeboten des ORF insgesamt (ORF-TVthek und andere ORF.at-Seiten) waren die Höchstwerte seit Beginn der

Pandemie bei den Nettoviews 13,0 Mio. (März 2020), beim Nutzungsvolumen 344 Mio. (Jänner 2021). Bei den Bruttoviews wurden 80,4 Mio. im Jänner 2021 und damit ein Rekord seit Bestehen der Online-Bewegtbildmessung (AGTT/GfK TELETEST Zensus) gemessen, wobei hier auch die Streams zu großen Ski-Events wie Kitzbühel stark genutzt wurden.

ORF TELETEXT: Die umfangreichen Service-Pakete verzeichneten im Schnitt 5,1 Mio. Visits pro Monat (Web, App, HbbTV) von März 2020 bis Februar 2021 und damit ein Plus von 28 Prozent. Auch die Online-Angebote des ORF TELETEXT waren insgesamt stark frequentiert (interne Statistik).

Von März bis Mai 2020 präsentierte der ORF auf Social-Media-Kanälen Nachrichten in zehn Sprachen und erreichte damit mehr als 10,6 Millionen Page-Impressions.

Kultur-Initiativen – Kulturgenuss trotz Lockdowns

Die österreichweite Kultur-Aktion „*Wir spielen für Österreich*" wurde binnen kürzester Zeit ein wichtiger Fixpunkt für die noch immer geschlossenen Musik- und Theaterhäuser und erreichte mit bisher mehr als 20 Ausgaben aus dem Musik- und Theaterbereich insgesamt 1,7 Millionen Österreicherinnen und Österreicher. Die Übertragungen kamen vorwiegend aus der Staatsoper, aber auch aus anderen Wiener Häusern (u. a. Theater an der Wien, ORF RadioKulturhaus) sowie von Festspielstätten aus den Bundesländern (u. a. Grafenegg, Mozart-woche, Festspielsommer Neusiedler See). Die Initiative wurde Ende Februar 2021 um eine vorerst zwölfteilige Theater-Edition erweitert. Kooperationsverträge mit zahlreichen Bundesländern sichern diese Zusammenarbeit weiterhin. Ö1, Ö3 und FM4 öffneten die Radiobühnen für Literatur, Theater oder Kabarett, um das reichhaltige Angebot Musikschaffender, Komponierender, Veranstalter und Labels in dieser Krisenzeit noch breiter abzubilden und so Aufmerksamkeit und Unterstützung für die heimische Kulturszene zu generieren.

Einige programmliche Höhepunkte

Beim Neujahrskonzert 2021 der Wiener Philharmoniker unter Riccardo Muti, das erstmals in seiner Geschichte ohne Saalgäste auskommen musste, erfuhr das Orchester über eine einzigartige weltweite Live-Applaus-Initiative des ORF großen Zuspruch des TV-Publikums. Weitere Konzert-Highlights: das coronabedingt von Juni 2020 in den September 2020 verschobene, von Valery Gergiev dirigierte Sommernachtskonzert der Wiener Philharmoniker mit Jonas Kaufmann, weiters *Christmas in Vienna* oder das erste phil-harmonische Konzert nach dem ersten Corona-Lockdown aus dem Wiener Musikverein mit Daniel Baremboim, in ORF 2.

Die TV-Kultur in ORF 2 präsentierte im Corona-Jahr zahlreiche Höhepunkte und Initiativen, darunter die exklusive ORF-Fernseh-fassung von Christoph Waltz' *Fidelio* oder das Ersatzkonzert für die entfallene *Sommernachtsgala Grafenegg*.

Auch wenn die meisten heimischen Kulturfestivals im Sommer 2020 pandemiebedingt nicht stattfanden, konnte das ORF-Publikum im

Rahmen eines umfassenden Schwerpunkts, der mehr als 3,5 Millionen TV-Zuseher/innen (weitester Seherkreis) erreichte, zumindest Highlights der verkürzten und modifizierten 100. Salzburger Festspiele in ORF 2 genießen.

Der *kulturMontag* initiierte ein ORF-Cover des Welthits „We Are the World" mit dem ORF RSO Wien und zahlreichen Acts, zudem die erfolgreichen interaktiven Publikumschallenges *#dubistkunst* und im November *#mein2020* über die künstlerische Verarbeitung von Ideen, Erinnerungen und Momenten zum herausfordernden Corona-Jahr. Im Februar 2021 rief der *kulturMontag* zum #DominoDance auf.

Kultur Heute: Das ORF-III-Kulturmagazin bietet heimischen Künstlerinnen und Künstlern mit den neu geschaffenen Rubriken *Bühne für Österreich, Stimmen aus dem Off* über die freie Theater-Szene eine Plattform. Mit den Gesprächsformaten *Coffee to go* und *#WeAreMusical* in Zusammenarbeit mit den Vereinigten Bühnen Wien starteten am 11. bzw. 12. März 2021 neue Rubriken.

Im Rahmen des *Festspielsenders Ö1* wurden rund 70 Konzerte von 17 heimischen Festivals übertragen. Ö1 präsentierte neben umfangreicher aktueller Berichterstattung heuer insgesamt 17 Konzerte und Opern aus Salzburg, zwei davon live.

Die Bühnen des Landes blieben geschlossen, die Ö3-Wecker-Bühne aber blieb offen. Ö3 bat die besten Musikerinnen und Musiker und die lustigsten Kabarettistinnen bzw. Kabarettisten Österreichs vor den Vorhang.

ORF RadioKulturhaus: Mit allein 109 Videostreams in den ersten beiden Lockdowns – 61 Archiv-Konzerte österreichischer Musikerinnen und Musiker und 48 Live-Streams (davon 27 Konzerte heimischer Musikerinnen und Musiker) – hat das ORF RadioKulturhaus Kultur in die Wohnzimmer gebracht.

RSO Wien: Über den Sommer und im Herbst konnten einige Konzerte vor Publikum stattfinden – so spielte das RSO Wien in Grafenegg, bei den Salzburger Festspielen oder beim ORF Musikprotokoll im steirischen herbst. Im November musste der Konzertbetrieb vor Publikum wieder eingestellt werden. Stattdessen spielte das RSO Wien Streamingkonzerte wie *Blood on the Floor* oder einen Porträtabend zu Sofia Gubaidulina, aber auch die Opernproduktionen „*Thaïs*" von Jules Massenet und *Der feurige Engel* von Sergej Prokofjew im Theater an der Wien, die beide für DVDs aufgezeichnet wurden.

Die Filmbranche nach dem Stillstand

Im Juni 2020 feierte die Filmbranche nach Wochen des Stillstands einen Re-Start – aufgrund der für Europa wegweisenden Maßnahmen, wie der Zusage einer Ausfallshaftung der öffentlichen Hand für coronabedingte Produktionsstopps, eines umfangreichen Reglements für Sicherheits- und Hygienemaßnahmen bei Proben oder Dreharbeiten und einer maßgeblichen Unterstützung des ORF durch die Übernahme coronabedingter Mehrkosten. Fast 500 neue eigen-, ko- und auftragsproduzierte Filme, Serienfolgen, Dokus und Reportagen sind so auch unter erschwerten Bedingungen entstanden.

Sport – ohne Publikum vor Ort, aber mit Millionen von Zuseherinnen und Zusehern Zuhause

Durch die coronasichere ORF-Übertragung vor einem Millionenpublikum konnten zahlreiche Sport-Events stattfinden und die heimischen Fans hatten, trotz der derzeitigen Lage, die Möglichkeit, Sportgroßveranstaltungen mitzuverfolgen. Außerdem wurden die ORF-Betriebsstätten als Sport-Ausweich-Arenen für heimischen Randsport sowie für Judo oder Tischtennis genutzt. Mit *Fit mit Philipp*, den *Wir bewegen Österreich*-Videoclips und zahlreichen weiteren Angeboten (auf ORF SPORT+) wurden unter anhaltendem Zuspruch verschiedene Bewegungsinitiativen gestartet. Die ORF-Gesundheitsangebote von ORF 2 und ORF III, der Radios und der Online-Plattformen informierten nicht nur umfassend, sondern boten zahlreiche Tipps und Hilfestellungen, um auch in Zeiten des Lockdowns fit und gesund zu bleiben.

Einige programmliche Höhepunkte

Insgesamt wurden 3,415 Millionen Sportfans via ORF 1 bzw. ORF SPORT+ beim Hahnenkamm-Wochenende verzeichnet und knapp 2 Millionen beim Nightrace Schladming.

3,784 Millionen Skifans sahen die 60-Stunden-ORF-Live-Übertragungen von der alpinen Ski-WM in Cortina (Topwert für den Herren-Slalom mit bis zu 1,529 Millionen Fans). 3,231 Millionen Zuseherinnen und Zuseher waren während der gesamten nordischen Ski-WM in Oberstdorf via ORF 1 zumindest einmal kurz dabei (weitester Seherkreis), das entspricht 43 Prozent der heimischen TV-Bevölkerung ab 12 Jahren.

Der Doppel-Grand-Prix von Spielberg fand im Sommer 2020 statt, zwar ohne Publikum vor Ort, aber dafür mit zahlreichen Fans vor den Bildschirmen: 2,623 Millionen Zuschauerinnen und Zuschauer (weitester Seherkreis) ließen sich das Ereignis via ORF 1 oder ORF SPORT+ nicht entgehen, das sind 35 Prozent der heimischen TV-Bevölkerung ab 12 Jahren.

Fit mit Philipp: Was im Corona-bedingten Lockdown am 30. März 2020 ursprünglich als innovatives Element der Sendung *Guten Morgen Österreich* begann, wird seit 11. Jänner 2021 als eigenständiges Bewegungs- und Fitnessformat im ORF-Frühfernsehen erfolgreich fortgeführt. *Fit mit Philipp* erreichte am 23. Februar mit 252.000 Mitturnenden bei 42 % MA jeweils den bisherigen Topwert.

ORF SPORT+ versuchte seit dem Beginn der Corona-Krise einerseits, Österreich aktiv in Bewegung zu bringen, andererseits bot der 24-Stunden-Spartenkanal des ORF auch den Sportverbänden, Vereinen sowie Sportlerinnen und Sportlern unter anderem mit zusätzlichen Live-Übertragungen von sogenannten Randsportarten eine Plattform, um sich und ihre Sponsoren trotz der Krise weiterhin präsentieren zu können.

ORF SPORT+ startete am 23. März mit *Wir bewegen Österreich* und *Frühlingsfit & Sommerfit*. Das „Mitmachen" rückte bei *Wir bewegen Österreich* immer mehr in den Mittelpunkt. Expertinnen und Experten zeigten in Videos, wie man sich zu Hause am besten fithalten könne. Die Videos stammten von Verbänden, Vereinen, Universitäten oder auch von freischaffenden Sportwissenschafterinnen und Sportwissenschaftern.

„Willkommen im Club!" hieß es ab 30. März 2020, als sich die Moderatorinnen und Moderatoren mit dem *Club ORF SPORT+* dreimal wöchentlich live aus dem neuen ORF-Sport-Vereinsheim, dem Studio 4 am Küniglberg in Wien, meldeten. Der Club beschäftigte sich dabei zum Großteil mit Themen rund um Corona.

In ORF SPORT+ wurde ab 21. April 2020 auch wieder getanzt. Tanzlehrerinnen und Tanzlehrer sowie Tanzsportlerinnen und Tanzsportler luden in *Keep on Dancing* mit ihren Videos zum Tanz. Ob Gesellschaftstänze, Streetdance oder Tänze für Kinder – alle sollten zum Mitmachen angeregt werden.

Am 17. November trat der neue „harte" Lockdown in Kraft. Damit sich die Österreicherinnen und Österreicher auch zu Hause fit und in Bewegung halten konnten, startete ORF SPORT+ ab diesem Tag mit einem neuen Bewegungsschwerpunkt.

Lockdown heißt nicht Stillstand! Mit dem neuen Magazin *FIT AKTIV für Junggebliebene* kamen ab 25. Jänner 2021 auch ältere Semester mit ORF SPORT+ in Bewegung.

ORF SPORT+ hatte seit dem Beginn der Corona-Krise auch zahlreiche Pressekonferenzen zum Thema Corona und Sport im Programm – von Ministerien, von Sport Austria und von Sportverbänden.

Das ORF-Zentrum selbst wurde während der Krise eine Bühne für den Profisport: Am 2. Mai 2020 wurde die *Top of Austria Challenge* mit den besten Tischtennis-Spielerinnen und -Spielern Österreichs live aus dem ORF-Zentrum übertragen. Es folgten am 28. Mai die *Billard-Top of Austria 9-Ball Challenge*, am 2. Juni 2020 die *1. Teqball Austria Challenge*, am 3. Juni die *Tanzchallenge 2020* und am 27. August der Judo-Länderkampf Österreich – Deutschland.

Glaube und Religion in Zeiten der Corona-Krise

Während der Lockdowns, als Gottesdienste und religiöse Feiern aufgrund der behördlichen Bestimmungen eingeschränkt bzw. weitgehend abgesagt werden mussten, erarbeitete die Religionsabteilung des ORF gemeinsam mit verschiedenen Religions- und Glaubensgemeinschaften in Österreich ein zusätzliches Programm. Zahlreiche religiöse Übertragungen in ORF 2 und Regionalprogrammen ermöglichten die für viele Menschen in Not so wichtige religiöse Teilhabe. ORF 2 und ORF III übertrugen im Jahr 2020 insgesamt 83 evangelische, katholische und ökumenische Gottesdienste.

Einige programmliche Höhepunkte

In den Wochen des Lockdowns ab dem 15. März 2020 kam die *Feier. Stunde* in ORF III den glaubenden Menschen mit ihrem Wunsch nach Gottesdienstfeiern, Gebeten und religiöser Ansprache entgegen. Dazu kam ab 23. März das neue werktägliche ORF-III-Format *Miteinander – Füreinander*, das sich den Sorgen und Ängsten der Zuseherinnen und Zuseher widmet.

Bildung für das junge Publikum

Mit der *ORF 1 Freistunde* wurde ein zielgruppengerechtes Info- und Unterhaltungsprogramm zur Lernunterstützung der Schülerinnen und Schüler ins Leben gerufen, aus dem das Angebot *Fannys Friday* entstand. Die Kindernachrichtensendung *ZIB ZACK* bietet Acht- bis Zwölfjährigen einmal wöchentlich einen zielgruppengerechten Überblick über die Nachrichten. *Ö1 macht Schule* wurde online neu präsentiert und zugänglich gemacht. Außerdem wurden die Sendungen auch als Podcasts angeboten.

Gemeinsam mit dem Unterrichtsministerium wurden für die Schulplattform *Edutube* mehr als 200 Videos für Distance Learning zur Verfügung gestellt.

Beste Unterhaltung in einer besonderen Zeit

Nach der Absage des Eurovision Song Contests veranstaltete der ORF im April 2020 seinen eigenen *Kleinen Song Contest* mit Andi Knoll, den Videos der Teilnehmerländer und durchschnittlich bis zu 345.000 Zuseherinnen und Zusehern beim Finale.

Nicht abgesagt, aber nach Show 1 verschoben, wurde der ORF-1-Event *Dancing Stars* – so tanzte sich Michi Kirchgasser im Herbst 2020 unter strengsten Corona-Sicherheitsmaßnahmen vor bis zu 1.194.000 Zuschauerinnen und Zuschauern zum Sieg.

Starmania 21 sorgte für Konzert-Feeling in den heimischen Wohnzimmern und stand unter strengen Sicherheitsmaßnahmen seit 26. Februar 2021 jeden Freitag live auf dem Programm von ORF 1. Dabei wurden bis zu 926.000 Zuseherinnen und Zuseher verzeichnet, was 35 % MA (12–49 Jahre) bedeutet.

Die ORF-Unterhaltungsabteilung lieferte neue Konzepte für die alljährlichen Fixpunkte im ORF-Showkalender – so zählten „Stars am Wörthersee", Stars in der Wachau, Wenn die Musi spielt – das 25 Jahre Jubiläumsspecial, Wenn die Musi spielt – Winter Special, die Romy 2020, Das große Osterwunschkonzert, Das Paradies daheim – Die schönsten Gärten Österreichs und die beiden Ausgaben der neuen Gartenshow Österreich blüht auf für beste Unterhaltung in ORF 2. Erstmals ohne Live-Publikum als reine TV-Produktion ging der Villacher Fasching mit fast einer Million Zuschauerinnen und Zuschauern über die Bühne.

Durch rasche Anpassungen der Produktionsbedingungen konnte im vergangenen Jahr trotz Corona-Krise weiterhin gequizzt werden – in der Millionenshow und bei Q1. Was gibt es Neues? und Fakt oder Fake wurden ebenso coronagerecht adaptiert.

Gänzlich neu und erfolgreich waren Die Kabarett WG: Das Sonderprogramm in ORF 1 und Eine Krone gegen Corona – Das Kaiser-Spezial.

ORF III präsentierte Die Tafelrunde ab Ende März bis Ende Mai 2020 im wöchentlichen bzw. zweiwöchentlichen Rhythmus. Außerdem bietet ORF III seit April 2020 mit dem neuen Impro-Comedyformat Dinner für Zwei eine weitere Bühne für heimisches Kabarett.

Betriebliche Maßnahmen im ORF

Um die Betriebs-, Produktions- und Sendefähigkeit als Teil der kritischen Infrastruktur des Landes bestmöglich abzusichern, begann der ORF in enger Abstimmung mit den österreichischen Behörden schon zu einem sehr frühen Zeitpunkt mit der Ausarbeitung und Umsetzung seiner Notfallpläne. Zentrale Maßnahmen waren hier etwa die Einrichtung eines Krisenstabs, strenge Sicherheits- und Hygienekonzepte, Weisung zum Homeoffice, Schichtbetrieb, Isolationszonen, sowie die Möglichkeit von freiwilligen Antigen-Schnelltests an den ORF-Betriebsstätten.

Sicherheitskonzepte

In den Betriebsstätten wurden strenge Präventions- und Sicherheitskonzepte zur COVID-19-Prävention entwickelt, um mögliche Ansteckungen zu verhindern. So werden Körpertemperaturmessungen mittels Wärmebildkamera bei den Eingängen durchgeführt und auf die Einhaltung der Abstands- und Hygieneregeln geachtet.

Hygienekonzepte

Bereits Ende Jänner 2020 wurden alle ORF-Korrespondentinnen und Korrespondenten sowie gefährdete Mitarbeiterinnen und Mitarbeiter mit „Präventionssets" ausgestattet und dadurch mit Händedesinfektionsmitteln, Mund-Nasen-Schutzmasken und Schutzhandschuhen versorgt. Kurz darauf wurden auch die Mitarbeiterinnen und Mitarbeiter mit Außendrehs in den ORF-Landesstudios und an den

Wiener ORF-Standorten beliefert. Alle Arbeitsplätze, sowohl in den Studios als auch in den Büros, wurden regelmäßig mit Flächendesinfektionsmitteln gereinigt. Zusätzlichen Schutz für Mitarbeiterinnen und Mitarbeiter und Gäste bieten zahlreiche Händedesinfektionsspender, die konzernweit an allen neuralgischen Punkten (Eingänge, Betriebsrestaurants, Studios) aufgestellt wurden.

Homeoffice

Über das ganze Jahr waren bis zu 70 Prozent der ORF-Mitarbeiterinnen und Mitarbeiter im Homeoffice aktiv und haben von dort aus, digital vernetzt und ohne Qualitätsverlust, ihre Sendungen und Beiträge gestaltet.

Isolationszonen

Mitte März 2020 richtete der ORF unter anderem in den zentralen Informationseinheiten in Radio, Fernsehen und den Landesstudios Isolationszonen ein, in denen Teams aus Redaktion und Technik für jeweils zwei Wochen Dienst machten. Der Sendetechnik-Isolationsbereich (Hauptkontrollraum, Signalabwicklung, Signaldistribution, Sendeleitung) wurde am 21. März bezogen. Bis 25. März wurde auch in allen Landesstudios ein Isolationsbereich geschaffen und von freiwilligen Mitarbeiterinnen und Mitarbeitern bezogen, um die Produktion der *Bundesland heute*-Sendungen und der Regionalradios sicherzustellen. Für die Schlüssel-Mitarbeiterinnen und Mitarbeiter des aktuellen Dienstes von ORF 2 wurde ab 24. März ein Isolationsbereich am Küniglberg eingerichtet. Weitere Isolationszonen für die nationalen Radios und ORF III wurden eingerichtet.

Mit Auflösung der Isolationsbereiche am 30. April 2020 fand eine Überführung in den „Corona-Sonderbetrieb I" statt. Damit wurde die Belegschaft in mehrere Teams (Betriebsstätten/Homeoffice) aufgeteilt. Diese Isolationsbereiche können bei Bedarf sofort wieder hochgefahren werden.

Baustelle Medienstandort

Die Bautätigkeiten auf der Baustelle „Medienstandort ORF" wurden coronabedingt Mitte März 2020 komplett eingestellt. Unter strenger Auflage der Sicherheitsvorkehrungen wurde vier Wochen später der Betrieb langsam wieder hochgefahren. Aufgrund der umfangreichen Präventions- und Sicherheitskonzepte konnte eine Clusterbildung auf der Baustelle bis heute verhindert werden. Durch einen milden Frühling und großteils trockenes Wetter schritten die Bautätigkeiten rasch voran und liegen weiterhin im Zeit- und Budgetplan.

Maskenstrategie

Den Mitarbeiterinnen und Mitarbeitern wurden ausreichend Mund-Nasen-Schutz-Masken, Gesichtsvisiere und FFP2-Masken vom Unternehmen zur Verfügung gestellt. FFP2-Masken sind auch von jenen Mitarbeiterinnen und Mitarbeitern während ihrer Tätigkeit dann dauerhaft zu tragen, wenn ihre Dienstleistung die Einhaltung eines Mindestabstands von zwei Metern nicht erlaubt und keine technische Barriere möglich ist. Es wurden knapp 70.000 Masken (MNS, Visiere, FFP2) konzernweit besorgt.

Freiwillige Teilnahme an „COVID-19-Tests"

Seit Anfang Dezember 2020 bietet der ORF seinen Mitarbeiterinnen und Mitarbeitern, sowie mit ihnen in einem Haushalt lebenden Personen, dreimal in der Woche die freiwillige Teilnahme an Antigen-Schnelltests in entsprechenden Teststraßen in den Betriebsstätten des ORF in Wien und in den ORF-Landesstudios an. Seit Dezember 2020 wurden 55.000 Antigen-Schnelltests durchgeführt – pro Woche durchschnittlich 5.500 Tests – und somit auch die öffentliche Test-Infrastruktur entlastet.

Coronasichere Produktionen

Durch eine Strategie flächendeckender Testungen, durch Einhaltung der Mindestabstände, Zugangsbeschränkungen ausschließlich für Mitwirkende, Sicherheitszonen und Hygieneregeln konnte der ORF auch Großevents wie *Dancing Stars* und *Starmania 21* coronasicher produzieren. Interviewgäste werden aus eigens dafür geschaffenen Ausweichstudios zugeschaltet, um hier die Kontakte so gering wie möglich zu halten.

Zugangssperren in Pandemiezeiten,
April 2020: Sind wir ein- oder ausgesperrt?

**24-Stunden-Betrieb
mit Bett im Büro**

**Zum Aufräumen bleibt
keine Zeit ...**

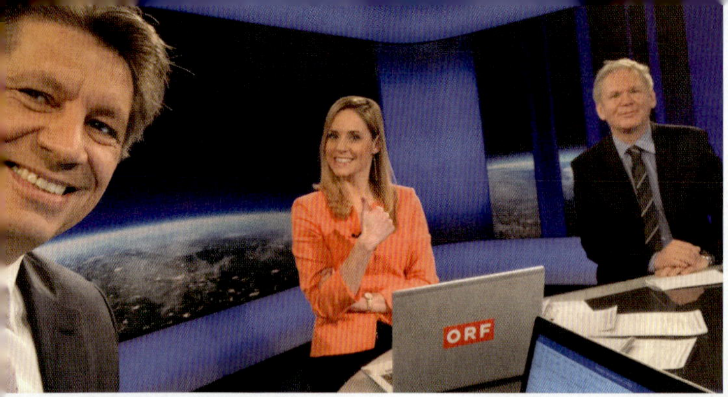

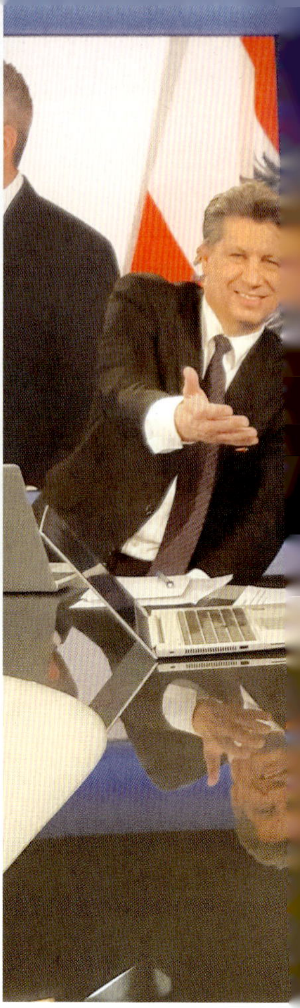

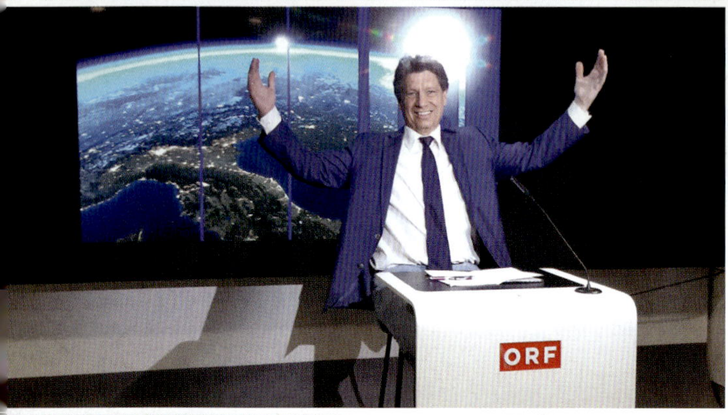

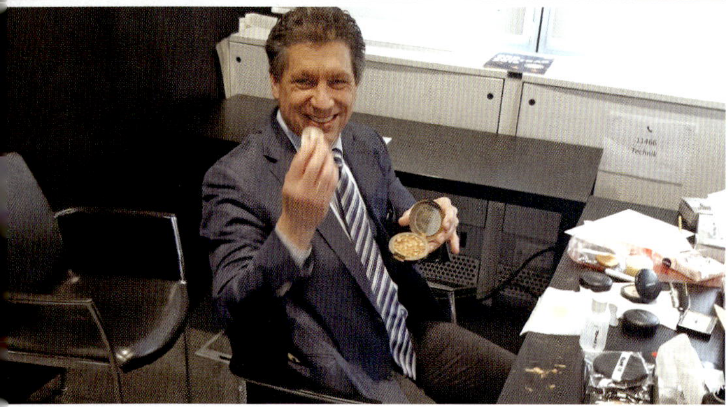

Mit Margit Laufer und Tarek Leitner im ZiB-Studio: Nur nicht den Humor verlieren!

Selbst schminken als Herausforderung

Karges Frühstück aus dem Automaten

Krisensitzung der Bundesregierung
vor dem ersten Lockdown am
16. März 2020

Verhandlungen mit den Sozialpartnern

Bundeskanzler Kurz im ORF-Interview
mit Hans Bürger und Simone Stribl
über den Lockdown

Kein Kaffee – dafür eine Auszeichnung.
Daaanke, liebes Publikum!

Wirtschaft, Psychologie und Zweifel

Warum der Kapitalismus immer verwundbarer wird und wie wir diese Krise finanziell überstehen

„Alle Räder stehen still, wenn das Virus es so will."

Die Gewerkschaftsbewegung möge die Adaption der Liedpassage aus 1863 „Alle Räder stehen still, wenn dein starker Arm es will" vergeben. Der Allgemeine Deutsche Arbeiterverein hatte damals die Arbeitgeber gewarnt. Die Kraft eines Arbeitsstreiks, die sich aus gemeinsam handelnden Individuen ergebe, werde enorm sein, wenn man für sie nicht höhere Löhne und bessere Arbeitsbedingungen erreiche. Diesmal ist ein Virus so stark, die halbe Welt stillzulegen – oder um es präziser zu formulieren, das Virus zwingt die Menschheit zu Entscheidungen, die sie nie treffen wollte. Jedenfalls arbeiten auch alle wirtschaftsliberal agierenden Regierungen von einem Tag auf den anderen gegen ihre inneren Überzeugungen. Damit wiederholt sich innerhalb eines halben Jahrhunderts ein kurzfristiges Umdenken konservativer Regierungen zum zweiten Mal.

„We are all Keynesians now."

„Wir sind alle Keynesianer." Diese Aussage des härtesten Keynes-Gegners, des Ökonomen Milton Friedman, hatte im Jahr 1971 – also vor genau 50 Jahren – der republikanische US-Präsident Richard Nixon zu „I am now a Keynesian" umformuliert. Damit hatte der bis dahin konsequente Anhänger der reinen Marktwirtschaftslehre die Öffentlichkeit enorm überrascht. Er wollte *mehr Staat* und setzte sich deshalb für eine expansive Fiskalpolitik sowie für mehr öffentliche Investitionen ein. Steigende Defizite und höhere Staatsverschuldung schienen kein Problem zu sein – zumindest eine Zeit lang.

38 Jahre später – nach Jahrzehnten ökonomisch neoklassischen Denkens und neoliberaler Politik in weiten Teilen der westlichen Industrienationen –, kehrte man neuerlich zu Staatsinterventionen und einer Politik zurück, wie sie der britische Starökonom John Maynard Keynes vorgeschlagen hatte. 2009 steckte man mitten in der zweiten Weltwirtschaftskrise, und plötzlich war Keynes neuerlich gefragt. Selbst die konservativsten Ökonomen, wie der frühere Reagan-Berater Martin Feldstein („und das fällt mir wahrlich nicht leicht" – soll er öffentlich zugegeben haben), sahen den Staat wegen ausfallender privater Konsumausgaben und Investitionen gefordert. Straßen und Brücken wurden gebaut, Schulen und Amtsgebäude renoviert.

Ein am Ende fast eine Billion Dollar schweres US-Konjunkturpakt wurde geschnürt, ein Drittel ging in Steuersenkungen, zwei Drittel in zusätzliche Staatsausgaben. Dem Präsidenten fällt das nicht so schwer. Er heißt Barack Obama und ist Demokrat.

10 Jahre später: Dazu kehren wir zum einen nach Österreich zurück und werfen zum anderen einen kurzen Blick auf eine Meldung der Austria Presse Agentur vom 6. Juni 2019, um 13:14 Uhr:

EU-Kommission zu Österreichs Budget: „Erstmals passt alles"
Im Jahr 2023 könnte Maastricht-Schuldenkriterium erfüllt sein

Wien/Brüssel – Die EU-Kommission hat den Zustand der österreichischen Staatsfinanzen gelobt. „Zum ersten Mal, seit es das Europäische Semester gibt, sehen wir, dass im Großen und Ganzen alles passt", sagte Kommissionsvertreter Marc Fähndrich an jenem Donnerstag bei der Vorstellung der jährlichen Kommissionsempfehlungen in Wien. Darum werde es keine Budgetempfehlung geben. Der Rat sei davon überzeugt, dass Österreich die Bestimmungen des Stabilitäts- und Wachstumspaktes 2019 und 2020 einhalten werde, sagte Fähndrich unter Verweis auf das starke Wirtschaftswachstum. Der staatliche Schuldenstand, der derzeit bei 73,8 Prozent des Bruttoinlandsproduktes liege, könne bis 2023 unter den in den EU-Konvergenzkriterien vorgeschriebenen Grenzwert von 60 Prozent fallen.[21]

Exakt 100 Minuten später lobt sich der bis zur Ibiza-Affäre amtierende Kanzleramtsminister (Türkis-Blau) und spätere Finanzminister (seit Türkis-Grün) Gernot Blümel selbst: „Erstmals seit 1954 schafft Österreich heuer ein Nulldefizit und plant einen Budgetüberschuss.

Das hat die Bundesregierung ohne neue Steuern geschafft. Wir haben die Schuldenpolitik der letzten 60 Jahre beendet."[22]

Es gelingt der Republik (die im zweiten Halbjahr 2019 von einem Expertenteam unter Brigitte Bierlein angeführt wird, das allerdings eher das Land verwaltet und bewusst nicht gestaltet) tatsächlich, dass Bund, Länder, Gemeinden und Sozialversicherungen gemeinsam einen Überschuss von 0,7 % der Wirtschaftsleistung erzielen. Und genau so möchte der am 1. Jänner 2020 sein Amt antretende Finanzminister Blümel weitermachen.

Im September desselben Jahres werde ich mit ihm in der ORF-Pressestunde[23], mit dem nicht überraschenden Hauptthema Corona, folgendes Gespräch führen:

Gernot Blümel: *Wir werden natürlich mit der Staatsschuldenquote in die Höhe gehen. Wir werden in diesem Jahr etwa auf 84 % kommen, im nächsten Jahr wahrscheinlich ein bisschen höher, das liegt einfach an der schwierigen Situation, aber solange die Kapitalkosten so niedrig sind und solange die Perspektive da ist, dass wieder Wachstum entsteht, und daran arbeiten wir, macht mir das jetzt fiskalpolitisch keine Sorgen.*

Hans Bürger: *Wie sehr leiden Sie denn eigentlich unter dieser Politik, die Sie derzeit machen müssen? Denn Sie haben am ersten März hier in der Pressestunde wörtlich gesagt: „Wir müssen endlich Schluss machen in Österreich mit dieser ständigen Schuldenpolitik, das darf keine Eintagsfliege sein, dieses Plusbudget vom Vorjahr." Erster März, da war Corona eigentlich schon da, jetzt müssen Sie diese keynesianische Politik machen, also Ausgabenpolitik – haben Sie irgendeine Vorstellung, wann Sie zu Ihrer, ich sage jetzt „neoklassischen", von mir aus „neoliberalen" Wirtschaftspolitik zurückkehren?*

Gernot Blümel: *Da sieht man, wie schnell sich die Dinge in der Politik ändern können. In dieser Situation halte ich es aber für völlig richtig, wenn Sie so wollen, den keynesianischen Ansatz der staatlichen Intervention zu verfolgen. Ich bin überhaupt der Meinung, dass die letzten zwei Jahrzehnte wirtschaftspolitisch global gezeigt haben, dass kurzfristig Keynes recht hat, aber langfristig aus meiner Sicht Hayek recht hat.*

Hans Bürger: *Keynes hat gesagt „Wir machen Ausgabenpolitik", was die Anhänger nie dazu sagen, wenn es (der Wirtschaft) gut geht, soll man auch sparen. Und Hayek ist im Großen und Ganzen der reine Markt, der hat sogar einmal in einem Gespräch mit Thatcher gesagt „alles Soziale ist Unsinn".*

Gernot Blümel: *Ich sehe es so, dass es kurzfristig so sein muss, dass wir jetzt intervenieren. Es wäre absurd, wenn der Staat in dieser größten Wirtschaftskrise seit dem Zweiten Weltkrieg kein Geld in die Hand nehmen würde, um die Arbeitsplätze zu sichern, um Unternehmen zu retten. Wichtig ist, dass diese Maßnahmen wie auch die Krise temporär, das heißt, vorübergehend sind, und wenn wir dann wieder in bessere Wachstumsraten kommen, wenn die Krise vorbei ist, dass wir diese Art von Interventionismus auch wiedereinstellen.*

Wer hätte das gedacht? Worte aus dem Mund eines wirtschafts-liberalen ÖVP-Finanzministers. Sieben Wochen später werde ich deshalb live – ebenfalls in der Pressestunde – die Vorsitzende der österreichischen Sozialdemokraten, Pamela Rendi-Wagner, fragen, ob sie dem „Neo-Keynesianer" Gernot Blümel schon den SPÖ-Mitgliedsantrag zur Unterschrift vorgelegt hat. Die Oppositionschefin lächelt und verneint.

Die ökomischen Dimensionen

Österreich ist rund 380 Mrd. Euro stark. Sehr, sehr vereinfacht ausgedrückt. Damit ist das Bruttoinlandsprodukt, kurz BIP, gemeint, das den Gesamtwert aller Waren und Dienstleistungen, die innerhalb der Landesgrenzen geschaffen werden und dem Letztverbrauch dienen, angibt. Diese „Wirtschaftsleistung" des Landes lag in Österreich *vor* Corona bei rund 400 Mrd. Euro. Üblicherweise wächst dieser Wert meist sehr gemächlich, aber so ein bis drei (reale, also inflationsbereinigte) Prozent sind häufig möglich, außer man steckt in einer Rezession, also in einer Krise. Dazu ist es zuletzt in folgenden Jahren gekommen:

- 1970er-Jahre (Ölschock): mit drei minimalen Einbrüchen zwischen - 0,4 bis - 0,1 %
- 2009 (zweite große Weltwirtschaftskrise): mit damals als katastrophal bezeichneten - 3,8 %
- 2020: mit - 6,3 %

Das ist Rekord in der Zweiten Republik. Österreich lag damit im Vergleich mit den EU-Mitgliedsländern im unteren Drittel. Der wichtigste Handelspartner Deutschland rutschte zwar ebenfalls in ein dramatisches Minus von 4,8 %, aber nicht so weit wie Österreich. Italien als zweitwichtigster Handelspartner fiel allerdings mit - 8,9 % noch tiefer. Und unser Staatshaushalt? So wie in fast allen Ländern dieser Erde: ein Desaster. Dass es in anderen Ländern mit den Schulden noch steiler bergauf gegangen ist, sei trotzdem erwähnt, auch wenn es die Inlandslage nicht weniger dramatisch macht: ein Budgetdefizit von fast 10 % des BIPs und eine Staatsverschuldung von bis zu 90 %. Und dennoch – da ist sich die Mehrheit in Politik und Ökonomie einig – waren diese Hilfspakete für Mensch und Wirtschaft aufgrund teils völlig lahmgelegter Wirtschaftsbereiche alternativlos, wollte man dem Sterben der Menschen in Intensivstationen nicht tatenlos zusehen. Wichtigstes Element für die Bewältigung der Schuldenlast wird ein starkes reales und nominelles Wirtschaftswachstum sein. Bis zum Erreichen der gesamtwirtschaftlichen Kapazitätsgrenzen sind jedenfalls ein hohes reales Wachstum und damit ein Rückgang der Arbeitslosigkeit mit allen Nebenkosten zu erwarten. Ein Anstieg des Preisniveaus bedeutet ein höheres nominelles Wachstum und damit ein höheres Steueraufkommen. Es ist daher ein eher rascher Rückgang der Defizite zu erwarten, wenn nicht politisch z. B. durch Steuersenkungen gegengehandelt wird. Die Staatsschuldenquote wird ebenfalls sinken, aber als Bestandsgröße langsamer. Die derzeit niedrigen Zinsen werden auch in dem Ausmaß weiterwirken, als sich der Staat langfristig verschuldet, was in Österreich überwiegend der Fall ist (bis zu einer Laufzeit von 100 Jahren!).

Dennoch. 571.000 Menschen hatten im April 2020 keine Arbeit. Auch das ist ein Rekord in der Zweiten Republik. Im Juni desselben Jahres konnten 1,3 Millionen Menschen die sogenannte Kurzarbeit in Anspruch nehmen. Diese diversen Hilfspakete (Steuerstundungen, Fixkostenzuschüsse, Investitionsprämien, Härtefallfonds, Zahlungen an Arbeitslose, Kurzarbeit oder Umsatzersatz) für Arbeitgeber und Arbeitnehmer, für Freischaffende und letztlich einen weiten Teil der Gesellschaft kosten uns insgesamt mindestens 100 Milliarden Euro. Aber auch das ist für einen Großteil der Verantwortlichen alternativlos.

Wer soll das bezahlen?

Vorerst niemand.

Das stimmt so natürlich nicht. Aber ein wenig Wahrheit steckt tatsächlich im Kern dieser Aussage. Denn die Finanzexperten sind sich ausnahmsweise ziemlich einig: Der Staat werde die gigantisch höheren Kosten in den Jahren nach Corona gut wegstecken können.

Wie *das* denn?

In diesen frischen 20er-Jahren des 21. Jahrhunderts werden viele vom Staat Österreich aufgenommene Kredite auslaufen. Österreich wird sie aber nicht zurückzahlen, sondern neue aufnehmen. Diese sind wegen der extrem niedrigen Zinsen sogar günstiger als die alten Kredite. Mussten etwa in den letzten 15 Jahren für einen 10-Mrd.-Euro-Kredit von Banken oder Fonds jährlich rund 400 Millionen Euro zurückgezahlt werden, sind es derzeit „nur" rund 20 Millionen. Um jedoch derart günstige Kredite zu bekommen, muss die finanzielle Vertrauenswürdigkeit in unseren Staat, die sogenannte Bonität, gut bleiben. Und die *ist* gut. Noch. Und es bleibt zu hoffen, dass sich daran nichts ändert.

So absurd es klingt, man wird sich trotz der deutlich höheren Neuverschuldung durch Corona bei Zinszahlungen eine große Menge an Geld ersparen.

Und warum macht man das nicht immer so? Weil all das nur funktioniert, solange die Europäische Zentralbank in der Krise Staatsanleihen aufkauft und die Zinslandschaft dadurch niedrig hält. Ein Dauerprojekt ist das nicht. Denn die Gesamtsummen, die uns Corona kostet, sind so gigantisch, dass kein Staat der Welt auf Dauer so eine Kostenexplosion überleben würde.

Im Frühjahr 2021 werden die Kosten für Österreich, wie bereits erwähnt, auf mindestens 100 Mrd. Euro geschätzt. Manche Forscher sehen sogar bis rund 120 Mrd. Euro. Der Ökonom Hanno Lorenz vom sehr wirtschaftsliberalen Thinktank „Agenda Austria" schätzt die Gesamtkosten auf bis zu 115 Milliarden Euro, wie er bereits Ende 2020 im österreichischen Nachrichtenmagazin „Profil" zitiert wird. Damit gehen wir langsam, aber stetig auf bald ein Drittel des gesamten österreichischen Nationalprodukts zu. Ein Jahr zuvor hatte man mögliche Kosten durch eine (damals in Österreich noch nicht eingetroffene) Corona-Krise auf etwas mehr als eine Milliarde Euro geschätzt.

Soweit zu Prognosen in Krisen. Aber Prognosen sind laut Karl Valentin grundsätzlich schwierig, sofern sie die Zukunft betreffen.

„Koste es, was es wolle", sagte „Neokeynesianer" Sebastian Kurz schon am 17. März 2020 im Ministerrat und fügte noch hinzu: „Ziel muss es sein, möglichst viele Arbeitsplätze zu retten." Das hätten wohl die SPÖ-Kanzler Kreisky, Gusenbauer und Faymann oder SPÖ-Parteichefin Rendi-Wagner nicht anders formuliert. Allerdings auch in Nicht-Corona-Zeiten. Finanzminister Gernot Blümel stand neben dem Kanzler und ergänzte: „Wir leben in einer neuen Zeitrechnung." Hocherfreut war auch der ausgebildete Volkswirt, Vizekanzler Werner Kogler. Er hat grundsätzlich kein Problem mit einem starken Staat.

Problemlöser EU? – Fehlalarm!

Die Europäische Union bietet seit Beginn der Krise ein schlimmes Bild einhelliger Ratlosigkeit. Die Gesundheitskompetenzen in der EU sind Ländersache und damit nicht Bestandteil des

EU-Rechtsgebäudes. Zwar treffen sich die 27 EU-Gesundheits-minister regelmäßig, von Angesicht zu Angesicht oder per Video, aber sie beschließen nichts. Denn kein Land ist gezwungen, eine eventuell in Brüssel erzielte Einigung im eigenen Land umzusetzen. Das führt manchmal sogar zum Gegenteil. Deutschland will die Corona-Schutzmasken lieber selbst behalten, als diese nach Italien zu liefern, schwenkt dann aber doch um – das ist nur eine von vielen „europäischen" Handlungen.

Auch Österreich bekleckert sich in dieser Zeit bezüglich der europäischen Solidarität nicht mit Ruhm. Die Regierung ist stolz darauf, bei der Zusammensetzung des 750 Milliarden schweren Sonderfonds „Corona-Hilfe" für die Mitgliedsländer zu den sogenannten „Sparsamen Vier", später „Fünf", zu gehören – gemein-sam mit Dänemark, Schweden, den Niederlanden und Finnland, das sich der Sparergruppe während des entscheidenden EU-Gipfels im Juli 2020 angeschlossen hatte. Am Ende des zweitlängsten Gip-fels aller Zeiten (mit 91,5 Stunden nur 25 Minuten kürzer als der Rekordgipfel von Nizza) titelt beispielsweise der Deutschlandfunk Nova: „Erfolg für Österreich und die ‚Sparsamen'"[24].

Was war passiert?

Von insgesamt 750 Milliarden Euro im Sonderfonds sollen 390 Milliarden Euro als Zuschüsse und 360 Milliarden als Kredite verge-ben werden. Ursprünglich waren 500 Milliarden Euro als Zuschüsse (ohne Rückzahlungspflicht) vorgesehen, was die „Sparsamen fünf" abgelehnt hatten. Kurz-Kritiker sahen einen Verrat der europäischen Idee, Kurz-Anhänger feierten den Kanzler als Retter einer halben Milliarde Euro, da Österreich nach diesem Gipfelbeschluss fast 500 Millionen Euro pro Jahr weniger in den EU-Topf einzahlen muss, als ursprünglich geplant gewesen war. Der erfahrene österreichische

Korrespondent in Brüssel Thomas Mayer von der Tageszeitung „Der Standard" wurde im Deutschlandfunk dazu befragt so zitiert: „Die Debatte ist ein bisschen auch die Fortsetzung der Innenpolitik Österreichs."[25]

Mit Fortdauer der Krise beginnt sich die Europäische Union immer mehr zu verzetteln (Stichwort: anfängliches Verteilungschaos der ersten Impfdosen). Noch dramatischer wirkt sich die Heterogenität des nach außen so gerne als homogen wirkenden Kontinents in der schlecht koordinierten Wirtschaftspolitik aus. Der deutsche „SPIEGEL" diagnostiziert schon im Frühjahr 2021 den „Absturz Europas" und ist mit dieser Beurteilung nicht allein. Der Kontinent erweise sich als Schwachpunkt der Weltwirtschaft, und es zeichne sich schon im zweiten Pandemiejahr ab, „dass die EU um Jahre hinter China und die USA zurückfallen werde"[26].

Dafür sei nicht einmal die Pandemie, sondern das „verlorene Jahrzehnt" in den südlichen EU-Mitgliedsstaaten verantwortlich, die kurz vor Ausbruch der Pandemie erst am Stand der Wirtschaftskraft von 2007 gestanden seien. Ob Spanien, Italien oder auch Frankreich – diese EU-Länder kämpfen offenbar noch immer mit den Folgen der Weltfinanzkrise von 2008 und 2009. Die Kraft zur Bekämpfung der Corona-Krise ist ihnen schon vorher ausgegangen.

Dabei muss man unterscheiden. Am Anfang stand der Mensch. Die Gesundheit. Koste es, was es wolle. Diesbezüglich zeigten sich die Stärken der Europäischen Union. Oder sagen wir wahrheitsgemäß: einiger Mitgliedsländer der Europäischen Union. Der Ökonom und Leiter des Deutschen Instituts für Wirtschaftsforschung (DIW), Marcel Fratzscher, lobt die Soziale Marktwirtschaft und die damit verbundenen sogenannten *automatischen Stabilisatoren* in Krisenzeiten. Diese wirken antizyklisch. Ein Beispiel ist die

Arbeitslosenversicherung: Sinken in einer Phase des Wirtschafts-einbruchs Nachfrage und Konsum, steigt in der Regel die Arbeits-losigkeit, wodurch der Konsum noch weiter zurückgeht. Durch die Arbeitslosenversicherung bekommen jedoch mehr Menschen Arbeitslosengeld (beziehungsweise ähnliche staatliche Unterstüt-zungen), damit der Konsum nicht so weit zurückgeht wie ohne diese Maßnahme. Dafür sorgt die existierende Sozialversicherung *automatisch*, das heißt, ohne kurzfristigen Eingriff der Politik. Um-gekehrt entzieht die Arbeitslosenversicherung in einer Boomphase den Menschen Geld durch die (zahlreicheren und höheren) Bei-träge, sodass sich der automatische Stabilisator dämpfend auf die Konsumnachfrage auswirkt. Auch das Kurzarbeitseinkommen hat eine stabilisierende Funktion. Während am Höhepunkt der Coro-na-Wirtschaftskrise mehr als 20 Millionen US-Amerikaner binnen weniger Wochen ihre Jobs verloren, landeten in Europa Millionen Bürger in den (natürlich sehr teuren) sozialen Sicherungssystemen.

Bei der Betrachtung der nackten Wirtschaftskennzahlen zeigen sich mit Fortdauer der Krise die weltweiten Unterschiede. US-Kon-junkturprogramme, die nicht wie in der Europäischen Union in zahllosen EU-Gipfeln, unerheblich ob körperlich oder virtuell, zwischen den 27 Staats- und Regierungschefs abgestimmt und vor nationalen Ausbrüchen Einzelner geschützt werden müssen, greifen schon kurze Zeit nach den politischen Entscheidungen. Der 750 Milliarden Euro schwere EU-Wiederaufbaufonds hingegen wird vor allem mittelfristige Projekte anstoßen. Das mag uns ab 2024 helfen, aber nicht jetzt. Mindestens 37 % dieses Geldes müssen in Klima-schutzmaßnahmen gehen, 20 % in die Digitalisierung. Für alle Pro-jekte gilt das „Do no significant harm"-Prinzip, was bedeutet, dass sie den Klimazielen der EU nicht „entgegenwirken" dürfen. Dadurch soll eine Investition in klimaschädliche Maßnahmen unmöglich gemacht werden. Österreich bekommt aus der Recovery and Resilience Facility (RRF) rund 3,5 Mrd. Euro. Davon sollen 46 % in Klimaschutzmaßnahmen fließen. Ein weiteres Projekt ist der sogenannte Reparaturbonus. Er kann online beantragt werden und beläuft sich auf maximal 200 Euro pro Haushalt. Mit 172 Millionen Euro will man die Digitalisierung in Schulen forcieren. 256 Mio. Euro sollen dann für emissionsfreie Busse in allen Gemeinden und Städten investiert werden. Heute sind rund 5400 Busse auf Österreichs Straßen unterwegs, die meisten werden mit Diesel angetrieben. Rund 100 Mio. Euro werden für Wasserstoff-Projekte verwendet werden.

Also 750 EU-Milliarden für Projekte, die spätestens 2026 abgeschlossen werden müssen. Diese EU-Corona-Programme sind übrigens erstmals durch gemeinsame EU-Schuldaufnahme finanziert worden, was zwar wegen der spezifischen Zweckbindung nicht bedeutet, dass es sich um „Euro-Bonds" handelt, aber dennoch: Die Befürworter dieses Kraftakts sehen darin einen erheblichen Fortschritt, der vor allem für die Länder mit hohen nationalen Schuldenquoten von größter Bedeutung ist.

Am schnellsten hat, wie sich rückblickend zeigt, die EZB reagiert. Im März 2020 wurde das Pandemic Emergency Purchase Programme (PEPP) beschlossen – mit einem Volumen von insgesamt 1850 Milliarden. Die Diskussion darüber, in welchem Umfang es über den ursprünglichen Zeitrahmen von März 2022 weitergeführt werden soll, dauert noch an. Aber wie gesagt, mit dem aktuellen 750-Milliarden-Euro-Paket werden vor allem längerfristige Projekte angestoßen.

Gegen das neue unglaubliche 1900 Milliarden Dollar schwere US-Hilfspaket mit dem Ziel Sofortwirkung sieht Europa hingegen nicht so gut aus. Ob 300 Dollar Arbeitslosenhilfe pro Woche, gewaltige Steuernachlässe für Familien mit Kindern und Niedrig-Einkommensbezieher oder die 1400 Dollar-Schecks für jeden Amerikaner, der unter 80.000 Dollar im Jahr verdient. Da kann Europa nicht mit. Fratzscher sieht all diese Unterschiede trotzdem nicht nur negativ: „Was das Wohlbefinden der Bevölkerung angeht, sind wir gerade in Deutschland gut durch die Pandemie gekommen. (…) Die Polarisierung nimmt zwar auch hierzulande zu, aber bei Weitem nicht so stark wie in den USA. Den starken Sturz in die Armut, den es dort gibt, haben wir vermieden, obwohl auch bei uns die soziale Polarisierung durch die Pandemie stark zugenommen hat." [27]

Das Einzige, was Europa derzeit rette, seien der wiederauferstandene Welthandel und die zurückgewonnene Globalisierung, stemmt sich die neoklassische Ökonomenwelt gegen Eingriffe des Staates. Der Exportmotor brummt wieder, vor allem in Deutschland. Und wirtschaftsliberale Denkfabriken zeigen mit dem Finger auf all jene, die für die Zeit *nach der Pandemie* auf das große Umdenken, auf eine bescheidenere Menschheit, die Rückbesinnung auf alte Werte und eine *bessere und schönere Welt* gehofft hatten.

Ich, Hans Bürger, hatte mich selbst in die Reihe der Hoffnungsträger eines Umdenkens gestellt – heute muss ich nüchtern schreiben: Die Wirtschaftswelt *nach der Pandemie* wird jener *vor der Pandemie* sehr ähneln. Manche hatten auf eine „Glokalisierung" gezählt, wobei die Globalisierung und die Lokalisierung, nicht als Gegensätze, sondern als verbundene Ebenen verstanden werden sollen. Doch auch daraus dürfte nichts werden. Denn die in Europa nun massenweise produzierten medizinischen Schutzvorrichtungen gegen Ansteckungen sind immer noch nicht zu sehen und werden es wohl auch nicht sein. Chinaimporte waren günstiger und werden günstiger bleiben. Vermutlich werden jene recht behalten, die jedwede Idee einer Einschränkung von Welthandel und Globalisierung als weltfremde Träumereien „ökologisierender" Moralapostel belächeln – und bekämpfen. Einem Argument der rein international denkenden Wirtschaftsexperten ist in der Tat schwer etwas entgegenzuhalten, da es durch den weltvernetzten liberalen Kapitalismus noch nie so vielen Erdenbürgern materiell halbwegs gut gegangen ist wie heute. Wirtschaft über allem.

Geht's der Wirtschaft gut, geht's den Menschen gut, also? Auch wenn das seit Ende des letzten Jahrtausends in zusehends nervender Permanenz gepredigt wird, wahrer wird der Slogan dennoch nicht – wenn, ja, wenn man die Zukunft in sein Denken miteinbezieht. Auch die Öko-Katastrophen-Prognostiker nerven seit nunmehr einem halben Jahrhundert mit ihrer Warnung vor dem Ende des Waldes, des Erdöls und der Natur im Allgemeinen. Aber: Die damals im „Club of Rome" (1972) bekannt gewordenen Wachstumswarner geben heute zu, dass sie sich zum Teil geirrt hätten. Man habe den technologischen Fortschritt komplett unterschätzt. Auf der 50-Jahre-Veranstaltung des Club of Rome stellt der deutsche Physiker und Ökologe Professor Ernst Ulrich von Weizsäcker fest: „Ja, wir haben uns geirrt, aber heute irren wir nicht mehr." Eine Welt mit acht Milliarden Menschen, die der Club of Rome heute als *volle Welt* bezeichnet, sei eben eine komplett andere als eine vor 100 Jahren mit 2 Milliarden Menschen oder gar 1800 mit einer Milliarde, die der Club of Rome als relativ „leere Welt" anführt. Dabei reden wir schon lange nicht mehr ausschließlich von den natürlichen Ressourcen des Planeten, sondern auch von seinen Bewohnern: dem Menschen, der immer mehr aus dem Gleichgewicht gerät. Neue Gegensätze, die uns alle seit der Jahrtausendwende zum Handeln zwingen (sollten), beherrschen den Diskurs, den interessanterweise (auch endlich wieder) Philosophen, Soziologen, Historiker und mehrdimensional denkende Ökonomen führen:

- Langfristige Ethik versus erzeugte Konsumbedürfnisse,
- Beschleunigungsgesellschaft versus Ältere, Kleinkinder, Benachteiligte,
- Multinationale Konzerne versus (meist nationale) Politik,
- Reich ohne Arbeit versus Lohnarbeit.

„Europa wird von Kommissionen regiert. Die Kommissionen sind zur Hälfte mit europäischen Beamten besetzt und zur anderen mit Vertretern der großen Wirtschaftsunternehmen. Europa ist ein rein wirtschaftliches Gebilde, in dem alle Entscheidungen nach solchen Kriterien gefällt werden. Erleben wir also heute das Ende der Politik, die von der Vorherrschaft des ökonomischen Paradigmas völlig überschattet wird? Als Goethe und Napoleon sich in Erfurt trafen, sagte Napoleon, dass die Politik das Schicksal ist. Heute ist die Ökonomie das Schicksal.“ [28]

Stellen wir diesen Worten des bedeutenden Philosophen Giorgio Agamben folgende Zeilen, formuliert im ersten Lockdown des ersten Pandemiejahres 2020, gegenüber. Der Soziologe Hartmut Rosa sieht schon unmittelbar nach Inkrafttreten der ersten Corona-Maßnahmen eine der größten Chancen für die Politik, Terrain gegenüber der Übermacht der Wirtschaft und der Konzerne gut zu machen.

„Die Politik hat innerhalb weniger Wochen ungeahnte Handlungsmacht gegenüber der Eigenlogik der Finanzmärkte, der großen Konzerne, der Geschäftsinteressen et cetera gewonnen – allerdings auch gegen die Rechte der Bürger und Bürgerinnen. Diese Erfahrung kontrastiert scharf mit der bisher dominanten Ohnmachtserfahrung angesichts der Klimakrise, aber auch angesichts schreiend ungleicher Vermögens- und

Verteilungsverhältnisse. Die Annahme, das normativ gebotene Primat der Politik könne gegenüber den Eigenlogiken funktionaler Differenzierung nichts mehr ausrichten, erweist sich damit schlicht als falsch." [29]

Die Politik könnte also in dieser Krise ihre Einflussmöglichkeiten ausgebaut haben. Bleibt abzuwarten, wie lange diese *politische Renaissance* andauern wird. Für die Gesellschaft im Allgemeinen ist die Krise voraussichtlich kein „Gamechanger" geworden, auch so ein Wort, das erst in den letzten Jahren in Mode gekommen ist. Es kommt also zu einem Ereignis, nach dessen Eintreten nichts mehr, oder zumindest wenig so ist wie zuvor. Einige DenkerInnen wie der Soziologe Hartmut Rosa oder die Philosophin Rahel Jaeggi haben das schon zu Beginn der Krise geahnt:

„Die Wahrscheinlichkeit ist groß, dass die Gesellschaft versuchen wird, nach dem Abflauen der Krise so schnell wie möglich in die alten Routinen und Gleise zurückzufinden, die Räder wieder anzuschieben. Dennoch stehen wir an einem ‚Bifurkationspunkt', an dem ein gesellschaftlicher Pfadwechsel möglich scheint." [30] Hartmut Rosa

„Die Coronakrise ist die Krise einer Lebensform. Durch sie offenbart sich, welche strukturellen Defizite (aber natürlich auch Potenziale) unsere Gesellschaft hat. Dass ein neoliberal auf Gewinn ausgerichtetes und mit der Umstellung auf Fallpauschalen und ökonomische Effektivität kaputtgespartes Gesundheitswesen selbst in einem privilegierten Land wie Deutschland einer solchen Krise nicht in dem Maß gewachsen ist, wie es angesichts des Reichtums und des Entwicklungsstands des Landes zu erwarten wäre, wird von vielen Experten immer wieder betont. Hier gibt es aber auch die Chance für ein Umdenken und die radikale Thematisierung

des Problems: Man sollte, das hat selbst Macron angedeutet, die Gesund-
heit nicht dem Markt überlassen. Ebenso wie Bildung, Kultur, Wohnen
handelt es sich hier um Güter, denen der auf ökonomische Effizienz und
Steigerung ausgerichtete Markt nicht gerecht werden kann. Das wäre eine
der Lehren, die wir aus Corona ziehen könnten – etwas, das uns dazu
veranlassen könnte und sollte, eine breite gesellschaftliche Diskussion über
das Verhältnis von Markt, Staat und Formen der Vergesellschaftung des
Eigentums zu führen. Es zeigt jedenfalls plastisch, dass die Ideologie des
sich selbst regulierenden Marktes und der Individualismus des ‚es gibt
keine Gesellschaft, nur Individuen' eben das ist: eine Ideologie, die es jetzt
angesichts ihrer dramatisch zutage liegenden Konsequenzen zu hinterfra-
gen gilt. Krisen sind der Moment, an dem sich eine kritisch gewordene
Situation entscheidet – ein Umschlagspunkt." [31] Rahel Jaeggi

Ohne die rationalen Leistungen großer deutscher Denkerinnen und
Denker der Gegenwart schmälern zu wollen – dass nichts oder nur
wenig vom hehren Ansatz eines globalen Neudenkens übrig bleiben
würde, ahnte man auch, wenn man als Bürger einfach beobachtete
und kurz vor dem Öffnen der ersten Handelsbetriebe im Frühjahr
2020 – nach dem großen Hinunterfahren des Landes – in den
Medien las:

„Endlich wieder shoppen."
„Wieder offene Friseursalons retten mein Leben."
„Endlich wieder Fernreisen."
„Riesenfreude über offene Baumärkte."

Baumärkte? Ja, Baumärkte. In Schlangen sind die Menschen
vor den riesigen Fachzentren gestanden, um endlich wieder neue

Schraubenzieher, Glühbirnen, Abdeckmaterial, Gartenartikel, Lampen oder große Müllsacke zu kaufen. Schon zu diesem Zeitpunkt lag die Vermutung nahe, dass Konsumieren wohl doch über Holzwürfel ordnen, Hausmusik oder *Mensch ärgere Dich nicht* geht.

Vorreiter sind die USA und China. Die USA verfallen 2021 in einen Konsum-, die politischen Führer Chinas in einen Investitionsrausch. Ziel des chinesischen Volkskongresses ist es, die Welt in den Bereichen Verkehr, Digitalisierung und Pharmaindustrie mit dem Fünfjahresplan abzuhängen. Ende 2021 sollen in China 11 Millionen neue Arbeitsplätze entstehen. 2020 hatte sich China noch zurückgehalten: Zwei Billionen Yuan für das Corona-Konjunkturprojekt klingen viel, sind aber mit umgerechnet rund 300 Milliarden Dollar nicht einmal ein Sechstel des US-Pakets. 2021 bis 2025 soll sich das ändern. „Made in China 2025" soll auf neuen Produkten der Hirnforschung, der Biotechnologie, der Genforschung und der Künstlichen Intelligenz stehen. Das politische Hauptziel ist, die Abhängigkeit von der gesamten Welt nach unten zu schrauben. Ein Handels- und Technologiekrieg mit den USA wird in Kauf genommen, weil er sich aus Sicht der chinesischen Staatsführung nicht mehr besonders auf ihr Land auswirken werde. Ein engagiertes Ziel. Dennoch könnte es sein, dass in diesem zweiten Jahr der Pandemie die USA noch stärker wachsen. Im Frühjahr 2021 wurden die Wachstumsprognosen für das Jahr bereits verdoppelt. Präsident Joe Biden will mit den USA Weltwirtschaftsmotor Nummer eins bleiben.

Was 2020 als völlig utopisch erschien, dürfte 2021 schon Realität werden. Die globale Wirtschaftsleistung wird wieder über dem Niveau von vor der Corona-Weltkrise liegen. Am 4. Juli, dem US-Nationalfeiertag, erfährt Präsident Biden bereits Erwartetes: In den letzten Tagen waren mehr Flugpassagiere unterwegs als im

Vorkrisenjahr 2019. Ja, leider, könnte man als klimaorientierter Europäer auch meinen, aber einen amerikanischen Präsidenten freut es, wenn die Turbinen arbeiten. Die Wirtschaftsleistung des Landes ist im Sommer 2021 wieder über dem Niveau von 2019, und die Arbeitslosenquote liegt unter 6 %. Voraussichtlich wird man mit mindestens 7 % das höchste Wirtschaftswachstum seit 1984 einfahren. Ein Jahr davor waren knapp 15 % der erwerbsfähigen US-Amerikaner ohne Job, 22 Millionen Menschen haben ihren Arbeitsplatz verloren. Wird also in den USA ausnahmslos gejubelt? Mitnichten.

Rückblickend fragen kritische Wirtschaftsfachleute, weshalb das ökonomische Rad immer wieder neu erfunden werden müsse. Statt Hunderte US-Dollar im Gießkannenprinzip über das Volk zu schütten, hätte man doch aus alten Fehlern lernen können. An diesem Argument ist etwas dran. Automatische Stabilisatoren, wie man sie aus sozialen Marktwirtschaften kennt (Stichwort: Arbeitslosenversicherung), existieren bereits, und man fragt sich als gelernter Österreicher oder Deutscher: Könnte man nicht auch beim Geldregen sozial gestaffelt vorgehen? Jedenfalls wächst und wächst auch der Dollar-Schuldenberg. In der Europäischen Union hofft man auf nicht mehr als 100 % des BIPs, in den USA sind mindestens 130 % zu befürchten. Die Neue Zürcher Zeitung lässt deshalb eineinhalb Jahre nach Beginn der Pandemie kein gutes Haar an der Corona-Schuldenpolitik der US-Regierung. Das ist zwar nicht überraschend, aber doch sehr punktgenau formuliert: *„Der Kongress zieht es vor, das Dach immer erst zu reparieren, wenn der Gewittersturm bereits im vollen Gang ist. Bezeichnenderweise fand just vor der Pandemie eine intensive Debatte darüber statt, wie eine umsichtigere Krisenpolitik aussehen könnte. Das Zauberwort lautet ‚automatische Stabilisatoren‘. Dabei würde beispielsweise ein Schwellenwert für die Arbeitslosenquote*

festgelegt, ab dem die Leistungen der Arbeitslosenversicherung Glied-
staat für Gliedstaat automatisch ausgebaut würden. (...) Man sonnt
sich in der Vorstellung, es Europa wieder einmal gezeigt zu haben. (...)
Washington belächelt, dass es keine Brüsseler Behörde gibt, die direkt
Geld unter die Leute bringen kann." [32]

Kommen wir aber zum ökonomisch gesehen Erfreulichen – dem
wirtschaftlichen Aufwärtstrend nach dem großen Einbruch. Wieder einmal waren die Börsen am schnellsten. Damit hat sich der
altgediente Spruch *Die Börse – der Wirtschaft einen Schritt voraus*
bewahrheitet. Nur ein Jahr nach der größten Weltwirtschaftskrise
war vergangen, als an den Finanzplätzen der Welt gefeiert wurde.
Aktien, Bitcoins, Häuser, Grundstücke, Rohstoffe wie Öl, Soja-
bohnen, Kupfer oder Silber. Alle waren im Kaufrausch. Es galt die
Devise: Nur ja nicht einen bevorstehenden Boom versäumen. Sogar
Aktienverweigerer-Länder wie etwa Deutschland freuten sich über
Millionen neuer Anleger. Manche Experten erinnert das an 2001,
als viele Deutsche den Internetboom nicht versäumen wollten und
deren Blase der Gewinnhoffnungen wenig später geplatzt war.
Denn man sollte nie unbeachtet lassen: Ein Börsenaufschwung
wird eben nicht nur durch reale Faktoren, sondern auch durch die
massive Liquiditätsausweitung vonseiten der Notenbanken verursacht. Dies ist ein notwendiger „Nebeneffekt" einer expansiven
Geldpolitik, es wäre daher eine strengere Regulierung nötig, um
„Blasen" zu verhindern. Hier ist vonseiten der Gesetzgebung und
der Aufseher zu wenig geschehen. Im Bereich der Bankenregulie-
rung konnten dagegen deutlich höhere Eigenkapitalquoten durchgesetzt werden, was die Stabilität der Banken in der Corona-Krise
erhöhte.

Warum kommt es zu einem solchen Hype? Hat die Welt wirklich nichts aus der gigantischen Krise 2008 und 2009 gelernt, der damals (nach 1929) zweitgrößten Weltwirtschaftskrise? Oh doch! Gelernt wurde: Wenn's ganz schlimm kommt, wird Papa Staat schon eingreifen. Die Regierungen und die Notenbanken werden Anleger immer vor dem Schlimmsten bewahren. Der Staat steht für Verluste ein. Die Gewinne fahren Unternehmen und vor allem Finanzjongleure mit ihren Millionen Kunden ein, die die komplexen Anlegeprodukte ohnehin schon lange nicht mehr kapieren. Wenn Staaten und Notenbanken aber immer dann eingreifen, wenn es brenzlig wird, verlieren kleinere und mittelgroße Anleger die Angst vor Börsenblasen. Wie gefährlich diese Entwicklung ist, liegt auf der Hand.

Der US-Finanzstar Mohamed El-Erian, früher Chef des Vermögensverwalters Pimco und heute ökonomischer Chefberater eines der größten Versicherungskonzerne der Welt, der Münchner Allianz SE, warnt: Die Investoren vertrauten „zu Recht darauf, dass die Notenbanken weiterhin genügend Liquidität zur Verfügung stellen"[33]. Und sie hätten in den „vergangenen 20 Jahren gelernt, bei jeder Marktkorrektur nachzukaufen – das System stabilisiere sich auf diese Weise selbst. (...) Jeder sagt, dass Wertpapiere nur steigen können. Aber nichts kann für immer nach oben gehen. (...) Die Politik versäumt es, den Frieden nach dem Krieg gegen das Virus zu sichern."[34]

Der US-Ökonom ist bei Weitem nicht der Einzige, der die Welt warnt. Der Oberösterreicher Gabriel Felbermayr, Präsident des Kieler Instituts für Weltwirtschaft und mit Oktober 2021 Präsident des Österreichischen Instituts für Wirtschaftsforschung, ist der Ansicht: *„Dann fällt das Kartenhaus in sich zusammen. (...) Auf den Börsen*

*werden Erwartungen gehandelt, und die Erwartungen sind aktuell
durch sehr viel Optimismus getrieben, teilweise durchaus zu Recht.
(...) Das viele billige Geld und die derzeit fehlende Perspektive, dass
die Zinsen wieder steigen, treibt (sic!) enorme Summen in die Aktien-
und Immobilienmärkte. Aber die Blase platzt dann, wenn die Zinsen
wieder steigen. (...) Ich würde davor warnen, zu glauben, dass die
Inflation für alle Zeit gebannt sei und wir fortwährend auf Mini-
Zinsen setzen können."* [35]

Auch keynesianische Ökonomen – also jene, die stark erhöhte
Staatsausgaben zur Ankurbelung der Wirtschaft in Krisenzeiten für
absolut richtig empfinden – wie etwa Larry Summers oder Olivier
Blanchard befürchten mittlerweile steigende Preise. Starökonom
und Buchautor Joseph Stiglitz antwortet ihnen: „Die Inflationswarner liegen völlig daneben." [36]

Man ist geneigt, sich der Prognose des Neokeynesianers anzu-
schließen. Was haben doch nahezu ausnahmslos alle Ökonomen
nach der Finanzkrise ab 2008 vor den XXL-Geldpumpen der
Zentralbanken gewarnt, vor allem auch vor den EZB-Milliarden in
Europa? Im zweiten Jahrzehnt des neuen Jahrtausends würde die
Inflation unbarmherzig zuschlagen. Das hat sie aber nicht. Was
natürlich nicht bedeutet, dass Unterstützungsprogramme keine
Preissteigerungen zur Folge haben. Eine explodierende Nachfrage
nach Gütern und Dienstleistungen führt selbstverständlich früher
oder später zu höheren Preisen.

Während es in Europa langsam, aber doch auch mit den Inflati-
onsraten nach oben geht, haben für die USA die monetären Warner
zum Teil Recht behalten. Es kommt zu keiner Explosion der Preise,
dennoch sprechen die ersten Kommentatoren von einer Überhitzung
der Konjunktur. Die Verbraucherpreise steigen in den USA im Juli

2021 auf 5,4 % (der steilste Anstieg nach 2008), in Deutschland im August desselben Jahres auf fast 4 % (der höchste Wert seit 1993) und in Österreich immerhin auf 3,1 % (der höchste Wert der letzten 10 Jahre). Und erneut könnten die Ansichten der Ökonomen nicht unterschiedlicher sein. Die einen (wenn man so will wirtschaftspolitisch eher rechts) meinen: Die hohe Inflation wird bleiben. Die anderen (links): Alles halb so wild, schon 2022 geht es mit den Preisen wieder nach unten. Weshalb die Unterschiede?

Die Skeptiker (Preise werden hoch bleiben) argumentieren mit der in der universitären Nationalökonomie immer wieder gelehrten gefährlichen Lohn-Preis-Spirale. Stiegen die Preise, würden die Gewerkschaften ihre Lohnforderungen überziehen und die Arbeitgeber zwar nicht der gesamten Forderung, aber doch zu einem Teil nachgeben und deshalb in Folge die (überzogenen) Verkaufspreise weitergeben. Dass derartige Tendenzen nicht von der Hand zu weisen sind, trifft 2021 zumindest für die USA und noch stärker für Großbritannien zu. In den USA werden 6 % höhere Stundenlöhne als im Jahr zuvor bezahlt und in Großbritannien bis zu 8,8 %, was einen historischen Höchstzuwachs darstellt.

Die Optimisten bleiben gelassen. Höhere Preise würden mit Sicherheit ein vorübergehendes Problem bedeuten, die Zuliefer- und Logistikbranche sei eben mit ihren Leistungen der plötzlichen Post-Lockdown-Nachfrageexplosion nicht nachgekommen, aber das werde sich in wenigen Monaten legen, weshalb die kurzfristig höheren Preise wieder zurückgehen werden.

Vom Klopapier zum Elektroauto

Wie ungehemmt die Konsumenten weltweit kaufen, als gäbe es kein Morgen und (Weltklima verursachendes) Übermorgen mehr, zeigt ein Phänomen, von dem man in Wohlstandsgesellschaften nicht mehr dachte, dass es in Nicht-Kriegszeiten je wieder auftauchen würde: Liefer- und Logistikketten brechen weltweit zusammen. Kühlschränke, Autos oder etwa Holz sind nicht mehr zu bekommen. Auf Deutschlands Baustellen etwa fehlen Schalungsbretter, berichtet das Handelsblatt[37]. Das geschieht nicht nur wegen Corona. In Kanada vernichten Borkenkäfer die Holzernte, und im März 2021 läuft das riesige Containerschiff „Ever Given" auf Grund und blockiert sechs Tage lang den Suezkanal. Hunderte Schiffe müssen an der Küste warten, sie sollen Güter im Wert von bis zu 10 Milliarden Dollar an Bord gehabt haben. Erst nach 100 Tagen Zwangspause und turbulenten Entschädigungsverhandlungen darf die „Ever Given" ihre Reise nach Europa fortsetzen. „Weil wir durch verstopfte Häfen und überlastete Terminals so massive Verspätungen haben, müssen wir leider manche Verbindungen oder Hafenanläufe ausfallen lassen"[38], wird Rolf Habben Jansen, Chef der Großreederei Hapag Lloyd, im Handelsblatt-Interview zitiert.

Aber natürlich – nicht überraschend – dramatischer als alle anderen Ursachen für Lieferengpässe sind die Auswirkungen der Corona-Lockdowns. Nach harten, weichen und mittleren Lockdowns über eineinhalb Jahre hinweg wollen Unternehmen endlich wieder investieren, Menschen wieder einkaufen und Jugendliche wieder Geld dort ausgeben, wo Spaß und Freude herrschen. Die Nachfrage explodiert und die Produzenten kommen nicht nach.

Vor allem dann nicht, wenn Vorprodukte irgendwo hängen bleiben. Dazu kommt, dass die Krise den Menschen noch viel zu nahe – oder vielleicht zum Erscheinen dieses Buches – überhaupt wieder zurückgekehrt ist. Bei vielen Erdenbürgern erhöht die daraus resultierende Unsicherheit den Hang zum Horten – was die Nachfrage nach Gütern noch mehr ansteigen lässt als in Nichtkrisenzeiten. Holz, Stahl, Mikrochips (für Laptops, TV-Geräte, Kühlschränke usw.), Lieferwägen, Kunststoffe aller Art, Spezialschrauben, Handwerker (schon seit Jahren), Servierpersonal – was auch immer –, in manchen Branchen fehlt es an zu vielem. Laut deutschen Wirtschaftsfachleuten zerplatze die Illusion, „dass jedes Produkt an jedem Ort minutengenau verfügbar ist. Wir erleben das Ende der Just-in-time- und Amazon-Prime-Kultur"[39].

Vom Klopapier am Beginn der Krise über Schutzmasken, Impfstoffe bis hin zu Mikrochips für Computerspiele gelangweilter Kinder oder Jugendlicher. Die Menschheit erlebt wieder einen Mangel. Und das ist gut so. Zu sehr haben sich die Teilnehmer der Wohlstandsgesellschaften daran gewöhnt, dass alles da ist, wenn man es braucht – auch dann, wenn man es nicht braucht. Selbstverständlichkeiten triggern Abstumpfung und lösen zwar Freude über Neues schnell aus, aber selten war die Dauer von Glücksgefühlen über das neue iPhone oder ein neues Buch so kurz wie heute. Dazu kommt noch sehr Menschliches: Erst was so richtig knapp wird, wird auch so richtig interessant. Aber zumindest das ist nichts wirklich *Neues*.

Kapitalismus am Scheideweg?

Wie muss es um den Kapitalismus bestellt sein, wenn Wertpapiere (2009) oder ein einziges Virus ihn nahezu komplett aus den Angeln heben? Der zentrale Begriff ist und bleibt die *Unsicherheit*. Das klingt banal, aber wer unsicher ist, kauft nicht und – als Unternehmer – investiert nicht. Soll ich wirklich ein neues Auto kaufen, wenn ich nicht weiß, ob Benzin, Diesel oder Elektro die bessere Wahl ist? Wenn ich nicht weiß, wie sich grüne Regierungspolitik auf Besteuerungen von Autos auswirkt? Wenn ich nicht weiß, ob ich es mir überhaupt leisten kann und will, mit „meinem" Individualverkehr die Klimaproblematik tendenziell zu verschärfen? Wird es im Gegenteil nicht völlig „out" sein, überhaupt noch mit dem Auto zu fahren? Und wird sich dadurch bei der heranwachsenden Jugend das Erwachsenenimage nicht noch mehr in Richtung „Umweltsünder" verschlechtern? Das wird auch für Eigenheime und private Grundstücke gelten. Soll es wirklich keine öffentlichen Zugänge zu österreichischen Seen mehr geben, damit irgendwann jedes noch so kleine Fleckchen *Reich und Schön* gehört und weiter gehören wird?

Konsum hat sehr viel mit Sozialprestige zu tun. Wer hat, der hat nicht nur, der wird auch beneidet, und die Neider möchten all das auch, was der Nachbar oder die Arbeitskollegin hat: iPhone, Klimaanlage im Haus, Whirlpool am Dach, zumindest einmal im Leben die teure Luxusreise und ab und an das sauteure Abendessen im Haubenrestaurant. Dazu fehlt den meisten Menschen jedoch das Geld, immer mehr auch die Zeit und – wenn das Image diverser Luxusgüter oder Gewohnheiten absackt – der sozialpsychologische

Antrieb. Dieses Nachfrageverhalten wird in der Volkswirtschaft als „Veblen-Effekt" bezeichnet. Der amerikanische Ökonom Thorstein Veblen hat bereits 1899 (!) folgendes Phänomen erstmals beschrieben: Entgegen der Lehre kann die Nachfrage nach Gütern oder Dienstleistungen auch *steigen*, wenn die betreffenden Preise *gestiegen* sind, und zwar dann, wenn durch den Konsum dieses teurer gewordenen Produkts der persönliche Status gegenüber anderen Individuen erhöht werden kann. Diese Güter werden in der Volkswirtschaftslehre auch als Veblen-Güter bezeichnet.

Die Unsicherheit wird bei Konsumenten (oder Unternehmern) aber auch durch auf den ersten Blick nicht-ökonomische Ereignisse hervorgerufen, wie etwa durch die Flüchtlingsströme 2015 nach Europa. Damit ist viel – teils schäbige – populistische Angstpolitik gemacht worden. Andererseits warnen seit damals auch immer mehr politisch eher links zu verortende Politikerinnen und Politiker: Man könne nicht auf Dauer Sorgen und Ängste dieser Menschen, also jener, die Einwanderung in welcher Form auch immer skeptisch gegenüberstehen, ignorieren. Das mache die Linken gegenüber rechten und rechtspopulistischen Kräften immer schwächer.

Schließlich die Sicherheit selbst. Wer sich persönlich nicht sicher fühlt, wird möglicherweise weniger Geld ausgeben, als sie oder er es vielleicht vorgehabt hätte. Als im November 2015 Terroristen 130 Menschen durch Anschläge und Selbstmordattentate an mehreren Orten in Paris töteten, waren die Wiener Weihnachtsmärkte plötzlich leer. Man könnte Tausende Seiten darüber füllen, wer und was in uns Menschen Unsicherheit auslöst. Aber vielleicht ist es ab und zu wichtig, den neoliberalen Denkern, die uns seit Jahrzehnten mit „Wirtschaft und sonst (zählt) gar nichts"-Ansagen begleiten, entgegenzurufen: *Fix ist gar nix (dt. nichts).* Konsum- und

Investitionsentscheidungen hängen von dermaßen vielen Faktoren ab, dass sich letztlich kaum noch verlässliche Prognosen erstellen lassen. Wir müssen unsere Prognosen revidieren, egal, ob nach oben oder nach unten. Um das zu verstehen, muss gar nicht der Schneefall im Winter herhalten, wobei es sich tatsächlich als wahr herausgestellt hat: Schneit es in den Großstädten weniger, sinkt auch die Lust auf Wintersport. Das bedeutet weniger Tourismus in Skiorten, aber auch weniger Absatz in den Wiener, Münchner, Pariser, Linzer oder Grazer Sportartikelriesen.

All diesen Einwürfen skeptischer Bürger zum Trotz: Letztlich glauben alle an die Wiederauferstehung der Wirtschaft und des Handels *nach* der Pandemie. Vorbote für diese allgemein verlautbarte Zuversicht ist vor allem die Entwicklung der Industrie während der Pandemie, Lockdown hin, Lockdown her. Die Geschäfte gehen gut, die Auftragsbücher sind voll. Das sogenannte Bestellniveau ist höher als vor COVID-19. Der deutsche Einkaufsmanagerindex war zuletzt vor einem Vierteljahrhundert so hoch.

Die Stütze dieser Entwicklung sind allerdings die Exporte, besonders die hohe Nachfrage nach deutschen Produkten in China und in den USA. So verkaufte Volkswagen schon im ersten Krisenjahr fast 2,9 Millionen Autos in China, das sind mehr als 50 Prozent des globalen Absatzes. „VW ist ohne China nicht vorstellbar"[40], sagt Autospezialist Ferdinand Dudenhöffer vom Center Automotive Research. Und natürlich kann man den Optimismus der meisten Ökonomen verstehen, wenn sie etwa für Deutschland und in abgeschwächter Form auch für Österreich mit der zusätzlichen Inlandsnachfrage argumentieren. Export PLUS Nachfrage im eigenen Land (nach den Lockdowns) werde zum „kräftigsten Aufschwung der vergangenen Jahrzehnte" führen.

Offenbar ist dem so. Faktum ist, dass sich allein in Deutschland und Österreich zusammengezählt mehr als eine Viertelbillion Euro an Kaufkraft sozusagen aufgestaut hat.

„Und doch wird der Boom nicht darüber hinweg täuschen (sic!) können, dass die Pandemie das Koordinatensystem von Wirtschaft und Gesellschaft nachhaltig verschoben hat: weg von Markt, Wettbewerb und haushaltspolitischer Solidität hin zu Staat, planwirtschaftlichen Direktiven und Schuldenwirtschaft"[41], warnt die deutsche „Wirtschaftswoche", allerdings wohl kaum ein Medium, bei dem die Freude über staatliche Konjunkturspritzen als Blattlinie dient. Aber was wäre die Alternative zu „vom Staat künstlich über Wasser gehaltenen Betrieben"? Mit Sicherheit eine viel größere Pleitewelle als jene, die – bei aller Euphorie in der Industrie – in sehr vielen Klein- und Mittelbetrieben, vor allem im Gastronomiebereich und bei ihren Zulieferbetrieben, ohnehin droht.

Trotzdem ist ein Teil der Betriebe, die auf Staatshilfen bauen, grundsätzlich nicht überlebensfähig. Und das war schon vor der Krise so. Wie groß auch immer die Konkurswelle werden wird, belastet werden auf jeden Fall auch die Banken, die viele Kredite verlieren und Probleme mit ihrer Eigenkapitalquote bekommen werden. Das erschwert wiederum gesunden Unternehmen, die nach der Pandemie einen neuen Kredit wollen, einen solchen zu bekommen. Diese Bankenschwierigkeiten werden – so die Prognosen – in Mitteleuropa im überschaubaren Bereich bleiben, liegen die Anteile sogenannter notleidender Kredite am Gesamtgeschäft zwischen einem und zweieinhalb Prozent. In Italien hingegen bei mehr als fünf Prozent und in Griechenland nahezu bei einem besorgniserregenden Drittel. In diesem südlichen EU-Land kann eine neue große Bankenkrise – zumindest aus heutiger Sicht – nicht mit Sicherheit ausgeschlossen werden.

Vieles wackelt also im Kapitalismus des 21. Jahrhunderts. Aber haben wir dafür schon eine ernstzunehmende Alternative gefunden?

Der US-Soziologe David Riesman stellte sich bereits 1957 die Frage: „Jetzt, da wir in den Anfängen der Überflussgesellschaft leben, welches Ziel haben wir dann noch, wenn die absolute Knappheit überwunden ist und die meisten materiellen Wünsche befriedigt sind?"[42] Und seine Antwort lautete: „Wir haben keine zureichenden Pläne für Ersatzziele und auch keine politische Maschinerie, durch die Verständnis und Unterstützung für derartige Pläne entstehen."[43]

An der Fragestellung von Riesman hat sich auch nach fast 65 Jahren nichts geändert. Die Pandemie hat uns nur wieder gelehrt, was es heißt, mit Knappheit umgehen zu müssen.

Ist also – von Krisen abgesehen – der Kapitalismus ein Dauerprojekt der Menschheit? Mit diesem Ressourcenverbrauch nicht. Das wissen wir. Deshalb wird die Klima- und Umweltpolitik das Thema dieses Jahrhunderts bleiben – wie auch die immer weiter aufgehende Schere zwischen Arm und Reich. Von *Gelbwesten* auf Frankreichs Straßen (2018/2019, ursprünglich gegen die staatlich geplante höhere Besteuerung fossiler Kraftstoffe, insbesondere Diesel) bis hin zur früheren Bewegung *Occupy Wall Street* („Besetzt die Wall Street") 2011 in Nordamerika. Der Drang Richtung Straße zum Austragen politischer Konflikte nimmt überall zu. Auch in Europa. Zudem gerät folgendes Grundversprechen des Kapitalismus ins Wanken: „Der kommenden Generation wird es selbstverständlich, weil systemimmanent, immer besser gehen als der jetzigen". Auch dieses Spiel ist aus, und das kratzt natürlich am Image des Kapitalismus. Die Zweifel haben schon lange vor der Finanzkrise und der Pandemie begonnen, aber jetzt kommt im Westen eine neue Beobachtung, eigentlich eine Frage dazu:

Kann Kapitalismus noch mit Demokratie?

China ist in den letzten Jahren mit Kommunismus plus Kapitalismus zur ökonomischen Weltmacht (noch) hinter den USA geworden. China konnte auf die Wirtschaftseinbrüche nach der ersten Pandemiewelle am besten reagieren. Denn gemacht wird, was die Machthaber wollen. Keine basisdemokratischen oder medialen Zwischenrufe stören den schnellen Ablauf. Das gefällt auch immer mehr Staats- und Regierungschefs in westlichen Demokratien. Und – auf den ersten Blick mag es paradox erscheinen: Je krisenanfälliger der westlich geprägte Kapitalismus ist, desto mehr sind gerade jene, die vom System am meisten profitieren, bereit, dieses von innen heraus zu sprengen. Warum? Weil Instabilität Angst und Unsicherheit erzeugt und man gleichzeitig mit der Hoffnung auf Neues die Komplettzerstörung des Bisherigen bedenkenloser in Kauf nimmt. Der relative Wohlstand des Mittelstands nimmt in der westlichen Welt weiter ab. Die kommende Generation wird *durch Arbeit allein* zu weiten Teilen auf vieles verzichten müssen, was für ihre Elterngeneration manchmal den Sinn des (Arbeits-)Lebens dargestellt hat. Für viele ist eine Eigentumswohnung oder ein eigenes Haus ohne Geerbtes nicht mehr leistbar. In Großstädten kosten Eigentumswohnungen in guter Lage und mit ausreichender Quadratmeteranzahl für eine vierköpfige Familie schon jetzt mehr als das mittlere Lebenseinkommen der Eltern. Die Jugend von heute hat das längst erkannt. So ist für immer mehr jüngere Menschen Zeit mehr wert als ein zusätzliches Einkommen und somit auch mehr wert als zusätzliches Geld zum Kauf materieller Güter. Der Kapitalismus wird, so er überhaupt überleben kann, eine Neudefinition erfahren müssen. Kapitalismus nicht um des Kapitalismus und der permanenten Steigerungslogik willen, sondern um Werte abzusichern. Maximierung von Wirtschaftswachstum und Wohlstand kann nicht mehr zentraler Lebensinhalt sein. Die Politik hätte auf all diese gesellschaftlichen Entwicklungen viel früher reagieren können. Statt die Teilprivatisierung beziehungsweise das Herunterfahren staatlicher Gesundheitssysteme – verbunden mit einer Redimensionierung der Gesundheitspolitik – zu forcieren, hätte man es ebenso ausbauen können. Dann wären viele südeuropäische Länder in der Corona-Krise besser dagestanden, und – man muss es sagen, wie es den Fakten entspricht – es wären in diesen Ländern auch weniger Menschen gestorben. So verwundert es nicht, wenn es aus manch einer Philosophenecke tönt: „Es ist der Kapitalismus, der die Krisen anheizt."[44]

Weltfinanzkrise, Klimakatastrophe, weltweite Migrantenströme, Pandemien – ist das unsere neue Normalität? Und ist es gleichzeitig so, dass Mehrwert mehr wert ist als ein Menschenleben, wie es Kapitalismuskritiker ungeschönt formulieren? Bricht man es auf die Pandemie bezogen auf die Frage Gesundheitspolitik versus Sparpolitik als notwendige Bremse weiterer Staatsverschuldung herunter, könne man es wohl durchaus so formulieren. Aber ist damit der Kapitalismus abzuschaffen, weil er ausgedient hat? Nein. Alternative Angebote, wie etwa die Gemeinwohlökonomie oder auch die sogenannte Donut-Ökonomie, haben sich zwar in kleineren Bereichen durchaus bewährt, umgelegt auf Volkswirtschaften sind sie allerdings nicht erprobt. Nicht, weil die Theorien schlecht sind, sondern weil ein Großteil der Politik von „utopischen" Modellen nichts wissen will.

Die Leitwerte der *Gemeinwohlökonomie* sind Menschenwürde, Solidarität, *ökologische* Nachhaltigkeit sowie Gerechtigkeit und schließlich Demokratie – erzielt durch Transparenz und Teilhabe. Bereits einige hundert Unternehmen aus Österreich, Deutschland und Spanien machen freiwillig mit und werden anhand dieser Kriterien mit Gemeinwohlpunkten bewertet. Was sich der österreichische Publizist und Politikwissenschaftler Christian Felber mit seiner sogenannten Gemeinwohlökonomie erhofft, liegt auf der Hand: Je mehr Gemeinwohlpunkte ein Unternehmen erzielt, desto einfacher sollte es ihm der Staat machen, zu besseren Bedingungen bei Darlehen und zu besseren öffentlichen Aufträgen oder sogar zu Steuerprivilegien zu kommen.

Benannt nach dem kleinen amerikanischen Kuchen mit dem Loch in der Mitte, manchmal auch „Lochkrapfen", sehen einige zeitgenössische Ökonomen die Zukunft in der *Donut-Ökonomie*. Sie handelt von Grenzen und Begrenzungen. Nur innerhalb gewisser Grenzen sollte wirtschaftlich gehandelt werden. Gemeint sind aber nicht nur die natürlichen Ressourcen des Planeten (Klimabelastung und Bedrohung der Artenvielfalt), sondern auch die Grenzen sozialer Unausgewogenheit, die, wenn ihr nicht entgegengearbeitet wird, zu einem explosiven globalen Verteilungskampf heranwachsen könnte. Zu den sozialen Grenzen zählt auch das, was in einem bestimmten Ausmaß vorhanden sein *muss*: ein bestimmtes Niveau an Gesundheitsversorgung sowie ein Mindestmaß an Bildung, das allen Gesellschaftsteilnehmern zur Verfügung stehen sollte.

Ob nun Gemeinwohl- oder Donut-Ökonomie, an Ideen für sogenannte heterodoxe Ökonomien mangelt es nicht. Das Problem ist die Übertragbarkeit vom Kleineren (Unternehmensebene) auf das Große (Volkswirtschaften). Heterodox meint alles, was nicht Mainstream-Ökonomie ist. Mainstream ist im Wesentlichen die neoklassische Richtung als auch das keynesianische Modell. Beim liberalen Wirtschaftsdenken handelt es sich um ein Verhalten, das grundsätzlich immer rational und mathematisch darstell- und nachvollziehbar ist. Sinken die Preise, kaufen die Marktteilnehmer, sinken die Löhne, fragen die Firmen mehr Arbeitskräfte nach, sinken die Zinsen, sparen Menschen weniger. Und alles umgekehrt, mit steigenden Parametern. Dadurch würden Gütermarkt, Arbeitsmarkt und Kapitalmarkt stets im Gleichgewicht bleiben. Orientiert man sich eher an Keynes, lässt man den Staat eingreifen, und zwar dann, wenn, entgegen neoliberaler Ansicht, der Markt *doch* aus dem Gleichgewicht gerät, was er uns in den letzten Jahrzehnten immer wieder gezeigt und damit die neoklassische Lehre widerlegt hat. Denkt man heterodox, traut man beiden Theorien nicht. So wird die Liste dieser neuen Modell-Ideen immer länger: von der Bioökonomie oder der Innovationsökonomik über die Ökonophysik bis zur Verhaltensökonomie. Vieles ist viel zu speziell, um den globalen Kapitalismus ernsthaft gefährden zu können. Allerdings setzt sich die Verhaltensökonomie nicht nur an den Lehrstühlen für Wirtschaftswissenschaften, sondern auch in der Politik immer mehr durch. Ihr grundsätzliches Ziel ist es, die Wirtschaftsteilnehmer, also Menschen wie Sie und mich, in eine bestimmte – vom Staat gewünschte – Richtung zu schubsen oder auch nur anzutupsen.

Man denke zum Beispiel an Organspenden. In Österreich können nach dem Ableben eines Menschen dessen Organe, die andere zum Überleben brauchen, automatisch entnommen werden. Es sei denn, die betreffende Person hat vor ihrem Tod ausdrücklich festgelegt, dass sie der Organentnahme *nicht* zustimmt. Ein System, das sehr viele – eben oft lebensrettende Organspenden – ermöglicht. In Deutschland ist es umgekehrt. Organspenden sind grundsätzlich *nicht* vorgesehen. Die betroffene Person hätte vor ihrem Tod ein schriftliches Einverständnis zur Entnahme geben müssen. Die Zahl der Organspenden ist deshalb in Deutschland deutlich niedriger. Oder denken wir an die Pensionsvorsorge: Wird ein bestimmter Betrag zum privaten Sparplan automatisch angepasst, legen Menschen sehr viel mehr Geld auf die Seite als nach regelmäßigem Nachfragen („Wollen Sie weiter verlängern?"), das als unangenehm und aufdringlich empfunden wird. Erfolgt die Anpassung automatisch, beschäftigt man sich mit zunehmender Zeitdauer immer weniger mit der Frage, was mit meinem Geld eigentlich so ganz genau passiert. Anstupsen oder *Nudging* kommt aus dem Unternehmensbereich. Verhaltensökonomisch geschulte Firmenchefs, die gegen sich häufende Krankheitsfälle etwas unternehmen wollten, hatten in Kantinen die Systematik im wörtlichen Sinne umbauen lassen. Vorne Salate und Obst, dahinter das mittelgesunde Essen und ganz hinten, kaum noch in Griffweite, das Böse. Torten und sonstige Cholesterin- und Triglyceride-Bomben. In der Tat waren die Krankenstände in vielen derart agierenden Firmen zurückgegangen. Mittlerweile hat das Nudging in viele Regierungskanzleien Einzug gehalten und ist Bestandteil immer größer werdender Politikfelder.

Was müsse sich nun am Kapitalismus ändern, damit er weniger krisenanfällig wird? Vermutlich wird er darauf Rücksicht nehmen müssen, was wir zuvor schon als neue Lebensformen künftiger Generationen aufzuzeigen versucht haben. Junge Menschen von heute beginnen nicht nur ein Leben ohne Auto zu führen, sie denken viel intensiver über ihre Lebenszeit nach und über ein Leben, das mehr ihrem Naturell entspricht. Ein österreichischer Psychologe hat vor einigen Jahren ein recht ansprechendes Beispiel gebracht. Man stelle sich vor, der Mensch von morgen sähe eines Tages nicht nur jenen

Nachbarn, der plötzlich ein neues Auto vor der Garagentür stehen habe („Möchte ich auch haben"), sondern registriere ebenso den anderen Nachbarn: „Oh, dieser junge Vater ist ja schon wieder zu Hause und spielt neuerlich mit seinen Kindern im Garten."

Diese *Qualität zwischenmenschlicher Beziehungen und die dafür investierte Zeit* und nicht ausschließlich der *wirtschaftliche Erfolg* könnten demnach künftig ein weiteres Mittel zum Zweck von *Selbstbestätigung und Anerkennung* werden. Also für das, was bis heute als Haupttriebfeder leistungsorientierten Denkens gegolten hat. Sieh her, was ich geleistet und geschaffen habe, und bewundere mich dafür! Eigentlich das Fundament für kapitalistische Arbeitsweise. Denn ohne den klar leistungsorientierten Produktionsfaktor Mensch gibt es keinen Kapitalismus. Wohl ein Faktum, dem es wenig entgegenzuhalten gibt.

Aber! Das muss ja nicht das Ende des Kapitalismus bedeuten. Denn eines klammern die „alternativen" Ökonomien meist aus: Die so zentrale Finanzierungsfrage. Und somit scheint bis heute kein wirklich effizienteres System für Wohlstandserhalt und -ausbau als der Kapitalismus gefunden worden zu sein.

Die „Kapitalisten" von heute werden sich allerdings daran gewöhnen müssen, dass die jungen Menschen von heute anders denken – und anders leben – möchten als ihre Eltern, Omas, Opas und Urgroßeltern. Ob die Weltkrise der Corona-Pandemie und die bevorstehende in welchem Ausmaß auch immer stattfindende kleine, mittlere oder größere Klimakatastrophe zu diesem Umdenken führen wird? Vermutlich eher nicht.

Wirklich *weltbewegende* Entwicklungen entstehen nicht von oben nach unten, sondern umgekehrt. Die Umweltaktivistin Greta Thunberg, auch wenn sie die rationale Einsicht vieler, vor allem jüngerer

Menschen, beeinflusst hat, allein genügt nicht, wenn nicht globaler Krisendruck, von Klima, Pandemie oder sozialer Ungleichheit, auch global gesehen individuelle Emotionen frei macht. Es bedarf der Emotionen der Massen, die schließlich nationale, europäische und internationale Politik zum generellen Umdenken zwingen. Zu einem Umdenken allerdings, das eher früher als später in einzuhaltende Gesetze gegossen werden müsste. Weshalb eigentlich?

Schon als Kind habe ich mich gefragt, warum Gesetze zum Schnellfahren geschaffen wurden. Knapp 12 Jahre soll ich alt gewesen sein, als ich zu meinen Eltern sagte: „Und warum baut man nicht einfach Autos, die nicht schneller als 130 Stundenkilometer fahren können?" Die elterliche Antwort aus meiner Erinnerung: „Weil sonst alle Autos gleich sind, und das wollen die Menschen nicht. Die meisten wollen außerdem immer schneller fahren als andere." Seit 1. Mai 1974 gilt auf Österreichs Autobahnen ein Tempolimit von 130 km/h. In der Folge wurden Autos mit immer mehr PS gebaut (früher war man mit 75 PS ein Tempoheld, heute müssen es mindestens 180 oder 200 PS sein), die bis zu 300 km/h fahren könnten. Ohne Schranken, ohne Richtlinien, Ordnungen, Verordnungen und Gesetze funktionieren wir offenbar nicht. Nicht in unserem eigenen Umweltdenken, nicht in unserer Solidarität mit den Schwächsten in unserer Gesellschaft und nicht, wenn es ums Impfen geht. Das soll keineswegs ein Plädoyer für eine Impfpflicht gegen eine COVID-19-Erkrankung sein, aber: Ist sie in diesem Jahr 2021 nicht ohnehin längst schleichend eingezogen? Wer nicht geimpft ist, darf nicht hinein. Nicht in den Tanzclub und irgendwann wohl auch in kaum ein Unternehmen mehr.

Ohne politische Maßnahmen wird diese Welt nicht zu retten sein. Eine an Theatralik wohl schwer zu überbietende Aussage. Aber ist sie

deswegen wirklich *falsch?* Denken Sie an die internationale Finanzkrise 2008 bis 2010 und daran, was damals nicht alles angekündigt
und versprochen worden war. Man werde der internationalen Spe-
kulationsgier mit ihren verheerenden Auswirkungen dieses Casino-
Kapitalismus auf die Realwirtschaft der Güter und Dienstleistungen
gesetzliche Riegel vorschieben und zwar so, dass die Finanzwelt nur so
staunen werde. Passiert ist (fast) nichts. Keine Spur von einer seit einem
Vierteljahrhundert verhandelten weltweiten oder auch nur EU-weiten
Finanztransaktionssteuer. Keine Spur von einem Verbot bestimmter
Giftpapiere. Und was ist mit den sogenannten Leerverkäufen, bei
denen gekauft und verkauft werden kann, ohne dafür irgendwelche
Mittel zu haben? In der EU wurden sie zwar zum Teil eingeschränkt
(bei ungedeckten Leerverkäufen in Aktien, für öffentliche Schuld-
titel, für sogenannte Credit Default Swaps), aber auch hier gilt: In der
Finanzwelt Totgesagte leben noch länger.

Was kommt nach der V-Erholung?

Skeptiker warnen vor einem Einbruch der Wirtschaft und beschwö-
ren einen W-förmigen Konjunkturverlauf herauf, wonach sich die
Wirtschaft nur kurzfristig erholen würde, um dann erneut einzu-
brechen. Für optimistisch gestimmte Ökonomen zeichnet sich eine
konjunkturelle V-Erholung ab. Sie gehen davon aus, dass auf einen
Einbruch ein steter Aufwärtstrend folgt. Niemand hatte das erwartet, aber die Lust auf Konsum und Investition scheint dem humanen
Wesen nach jahrzehntelangem Kapitalismus offenbar genetisch
innewohnend zu sein. Denn wie wir schon angeführt haben, kommt

die Zulieferungsindustrie seit der zweiten Corona-Welle nicht mehr nach. Diese Mangelwirtschaft wäre vor dem Beginn der Corona-Krise ein weitgehend undenkbares Phänomen gewesen. Und trotzdem. Irgendwann wird alles so sein wie früher. Menschen, die über ausreichend Kaufkraft verfügen, werden Dinge, die sie wollen, auch erwerben können. Nicht Flugzeuge, Luxusjachten und teuren Schmuck für jeden Körperteil, aber im Großen und Ganzen das, was zur Teilnahme an der *durchschnittlichen* Wohlstandsgesellschaft erforderlich ist. Grundsätzlich gehen Ökonomen davon aus, dass es sich um all jene Güter handelt, die die Bewältigung des Alltags umfassen, alles, was wir für Essen, Wohnen und Mobilität benötigen inklusive zumindest eines Urlaubs pro Jahr. Dennoch werden Narben bleiben. Welche, darüber sind sich die Ökonomen – auch das ist nicht überraschend – völlig uneinig. In erster Linie sind, wie bereits erwähnt, vor allem die Staatsschulden in die Höhe geschossen. Was die weitere Entwicklung der Geldentwertung betrifft, lassen sich nur schwer Prognosen erstellen.

In einem Punkt herrscht, bedauerlicherweise, eher Übereinstimmung denn Dissens. Die Langzeitarbeitslosigkeit wird uns, wie der Name schon sagt, wohl lange begleiten. Und wer längere Zeit nichts verdient und auf staatliche Hilfe angewiesen ist, wird wieder eher früher als später deutlich weniger konsumieren (können). Was nichts anderes bedeutet, als dass sich an die „V"-Kurve ein neuerlicher Abwärtstrend anschließen könnte. Und zwar dann, wenn die Menschen in der ersten Euphorie das in den Lockdowns Ersparte zu weiten Teilen ausgegeben haben oder – weil schon längere Zeit arbeitslos – kaum über Mittel verfügen, die in den Konsum fließen könnten. Das würde die Nachfrage nach Gütern und Dienstleistungen erneut dämpfen und in der Folge auf die weitere

Investitionsbereitschaft privater Unternehmen drücken. Entscheidend wird dann sein: Lässt man, wie seit 2020, den Staat noch einmal als Investor einspringen oder gewinnen wieder – was eher zu erwarten ist – jene Ökonomen (vor allem jene einen Großteil der Politik beratenden Ökonomen) die Oberhand, die eine weitere Staatsverschuldung wie der Teufel das Weihwasser fürchten?

Einige Wirtschaftswissenschafter werden nach wie vor nicht müde, die aus ihrer Sicht positiven Seiten der Pandemie bezüglich der betriebswirtschaftlichen Folgen zu sehen. Viele Firmen seien unter technologischem Anpassungsdruck gestanden, jene, die die Mittel gehabt hätten, seien durch deren Einsatz produktiver geworden, was gesamtwirtschaftlich gesehen sogenannte Reinigungseffekte ausgelöst habe. Die Produktiven seien geblieben, die ohnehin nicht mehr so effizienten Unternehmen eben weg vom Markt. Allerdings: Was bedeutet das? Wohl eine verzögerte Pleitewelle mit dem unschwer nachvollziehbaren Effekt weiterer Arbeitsloser und damit Menschen auf Arbeitssuche. Und noch ein weiterer nur auf den ersten Blick nicht so dramatisch wirkender Nebeneffekt: Der Geschäfts- und Konferenztourismus in den europäischen Städten, der ohnehin bald zwei Jahre zum Stillstand verurteilt ist, wird sich vermutlich nie mehr dorthin entwickeln, wo er einmal war. Videokonferenzen und Webinare werden viele Firmen entweder nie mehr oder zumindest noch lange nicht durch teure Dienstreisen der Mitarbeiter ersetzen. Eine Katastrophe für den Städtetourismus, für die ansässige Gastronomie und Hotellerie. Auch bei uns in der Zeit-im-Bild-Redaktion haben sich Mitarbeiterinnen und Mitarbeiter, Chefredakteurinnen und andere Führungskräfte längst daran gewöhnt. Warum Präsenzsitzungen in stickigen Räumen mit vielleicht 15–20 Menschen auf engem Raum abhalten, wenn es Skype für alle gibt – egal, ob man sich im Bürozimmer oder zu Hause befindet. Und in der Tat nehmen an diesen virtuellen Sitzungen im Schnitt bis zu viermal so viele zur PC-Anwesenheit Verpflichtete oder nur Interessierte teil.

Im Handelssektor wird der Online-Kauf ebenfalls nicht mehr auf das Vorkrisenniveau zurückgehen. Das Shoppen in der Innenstadt oder im Einkaufszentrum ist für viele derzeit nicht mehr so attraktiv. Vielleicht erwacht das Präsenzeinkaufen nie wieder zu solch blühendem Leben wie vor Corona oder vielleicht ja doch, wenn die Ansteckungsgefahr durch ein Virus irgendwann dauerhaft geringer geworden ist. Wir wissen es nicht.

Insgesamt ist positiv zu resümieren, dass Politik und Wirtschaft weitaus gewappneter an diese Krise herangegangen sind als noch an die Finanzkrise ab 2008. So standen diesmal sogenannte Pufferkapazitäten zur Verfügung. Die Staaten haben innerhalb kürzester Zeit unglaubliche Summen zur Bekämpfung der Krise freimachen können, um die wirtschaftlichen und auch gesellschaftspolitischen Abläufe halbwegs geordnet zu stützen. Dafür braucht es entschlossene Politikerinnen und Politiker. Die Pandemie- und Lockdown-Jahre waren und sind keine für harmoniebedürftige Charaktere der Zögerlichkeit. Aber auch nicht für rein Bauchgefühlorientierte. Und schon gar nichts für Beratungsresistente. Am besten sind Staatenlenker und auch manche Regionalkaiser durch die Krise gekommen, die viele Expertinnen und Experten zurate gezogen, dann aber im engsten Kreis und rasch entschieden haben. Bei allem berechtigten Aufwind für die Wissenschaft in den ersten zwei Corona-Jahren, eines kann die Forschung nicht: Die Politik ersetzen. Es ist durchaus verständlich und zum Teil sinnvoll, wenn sich Politikerinnen und Politiker bei Medienauftritten an rechter oder linker Seite oder beiden mit Virologen und Epidemiologinnen schmücken, aber die Letztentscheidung für

Maßnahmen können ihnen auch noch so hoch dekorierte Forscher nicht abnehmen. Und das ist nicht nur negativ zu sehen. Im Gegenteil. Die Politik kann so die in den letzten Jahrzehnten an multinationale Konzerne verlorene Handlungsfähigkeit auf Umwegen wieder ein wenig zurückgewinnen. Was aber gleichzeitig nicht bedeutet, dass Politik nicht wissensbasiert agieren soll. Das wäre fatal, wie auch der deutsche Soziologe Alexander Bogner warnt.

„Wohin eine wissenschaftsfeindliche Politik führt, haben wir in der Pandemie in Brasilien, Russland oder in den USA unter Trump gesehen. Die Politik soll auf die Wissenschaft hören, zweifellos. Sie soll sich aber nicht auf Wissenschaft reduzieren. Alle noch so exakten Zahlen und Daten können der Politik die Entscheidung nicht abnehmen. Im wissenschaftlichen Faktum steckt kein politisches Handlungsprogramm. Am Ende des Tages müssen wir entscheiden, welche Zukunft wir wollen und welche Einschränkungen wir dafür in Kauf nehmen.“ [45]

An der Nase nehmen müssen einander aber auch wir Medien, national und international. Was in der politischen Berichterstattung wichtig und gut ist, ist in der Wissenschaftsberichterstattung maximal gut gemeint. Es muss nicht im Sinne der „Neutralität“ jede Position eine Gegenposition erfahren.

„Das heißt, der oberflächliche Versuch, eine ausgewogene Darstellung zu liefern, erweckt den Eindruck, es gäbe einen wirklich begründeten Expertendissens. Dieses Problem haben wir auch im Klimastreit. (…) Die Klimawandelleugner argumentierten: Es gibt in dieser Frage keinen Expertenkonsens, also müssen wir abwarten. (…) Viele Tatsachenleugner und Verschwörungstheoretiker argumentieren ja gerne mit dem Augenscheinlichen und scheinbar Selbstverständlichen.“ [46]

Der klinische Epidemiologe und SPD-Bundestagsabgeordnete Karl Lauterbach ergänzt: *„In der Öffentlichkeit entsteht unterdessen* *oft der Eindruck, die Bandbreite der Meinungen in der Virologie oder Epidemiologie wäre extrem groß. Im vergangenen Sommer schien es etwa so, die Virologie streite darüber, ob wir jemals einen Impfstoff für Covid-19 bekommen werden. Dabei waren es nur wenige Leute, die daran zweifelten.*"[47]

Ein Problem, das auch uns Medienvertreter permanent begleitet. Wenn von zehn Virologen neun in der Öffentlichkeit sagen, *das* sei Stand der Wissenschaft, und eine oder einer hält dagegen, was tun? Sie oder ihn zu einer Livesendung einladen, obwohl er sozusagen nur 10 % des Wissens- und Meinungsspektrums repräsentiert, oder eher nicht? Kann man sich auf die 90 % der angeblich sicheren wissenschaftlichen Erkenntnisse verlassen oder nicht? Auch wir können Ihnen hier – bedauerlicherweise – keine Antwort geben.

Resümee

Bleibt am Ende die Frage: Was wird überleben – aus und nach der Zeit der Pandemie? Vielleicht ein neues Selbstbewusstsein der agierenden Politiker. Vielleicht Entscheidungsprozesse, bei denen sich zuerst informiert, dann entschieden wird – und das alles so schnell es irgendwie möglich ist, weil das Virus leider kein Regionalzug, sondern eher eine Magnetschwebebahn in Shanghai ist (bald 400 km/h). Das umfassendere Einbeziehen von Forschung also, aber nicht nur aus dem medizinischen Bereich. Pandemiegefordert waren und werden ebenso Soziologen, Psychologen, Historiker, Ökonomen und viele Wissenschaftsbereiche mehr sein.

Ob sich der in Wohlstandsgesellschaften lebende Mensch mittelfristig ändern wird, das wurde hier schon einmal bezweifelt. Der dringende Wunsch nach den Lockdowns, Baumärkte aufzusuchen, bleibt ein Rätsel. Vielleicht wohnt ja diesem Bedürfnis die Hoffnung inne, man könne von der Politik Heruntergefahrenes mit nur ausreichend handwerklichem Geschick selbst wieder reparieren und in Ordnung bringen. Was auch immer das „Shoppen" antreibt, es ist ein Indiz dafür, dass sich der Mensch gar nicht entschleunigen will und die Multioptionsgesellschaft doch mehr genießt, als es den Soziologen lieb ist. Vielleicht werden die schon längst wieder der Zeit nachlaufenden Erdenbürgerinnen und Erdenbürger („Tut mir leid, ich habe jetzt wirklich keine Zeit") einige Jahre noch mehr mit der Familie unternehmen – von gemeinsamen Brettspielen bis hin zu mehr Ausflügen mit dem Rad –, aber mit der erhofften dauerhaften Wertebesinnung wird es wohl nichts werden.

Eine Sache hingegen könnte und vor allem *sollte* die Pandemie oder andere Krisenzeiten überleben: *die Eigenverantwortung.* Abgesehen davon, dass längst auch die politischen Verantwortungsträger aus Angst, weitere unpopuläre Maßnahmen beschließen zu müssen (z. B. Lockdowns), die Eigenverantwortung der Bürger entdeckt haben, stünde ein „Mehr" an ihr auch aus uns selbst heraus nicht schlecht. Allerdings sind unsere Möglichkeiten zur Eigenverantwortung eingeschränkt, wenn wir nicht über ausreichend Wissen verfügen. Karl Lauterbach erklärt das so: *„Der Staat hat in solch einer Pandemie-Situation die Aufgabe und Pflicht, die ‚capabilities' (also die Befähigungs- und Verwirklichungschancen) der Einzelnen zu erhalten, um ihre Freiheit langfristig zu schützen. (…) Die Eigenverantwortung kommt hier sehr schnell an ihre Grenzen. Will man diese angesichts*

eines so gefährlichen Virus praktizieren, muss man sich einerseits sehr
gut auskennen, andererseits auch über entsprechende Ressourcen verfü-
gen. (…) Der Ruf nach der Eigenverantwortung scheint mir deshalb oft
eine Projizierung der Ressourcen derjenigen, die diesen Ruf artikulieren,
auf den Rest der Gesellschaft. Aber für jemanden wie mich, der aus
einer Arbeiterfamilie kommt und die eingeschränkten Ressourcen vieler
Familien noch kennt, kann das keine Lösung sein."[48]

Das Voranschreiten der Klimakrise wird dafür sorgen, dass wir
Eigenverantwortung übernehmen werden müssen. Hier haben wir
das Instrument der Impfung nicht. Hier wird das (über-)lebensnot-
wendig werden, was sich einige schon für die Zeit nach der Pandemie
erhofft hatten: eine drastische Änderung unserer Lebensweise. Geübt
hätten wir sie ja schon in den vielen Wochen der Lockdowns, und es
wäre doch jammerschade, würde von dieser Entschleunigung so gar
nichts übrig bleiben für jene Phasen, in denen wir – dem Klima und
uns selbst zu liebe – Verzicht nicht nur üben, sondern leben müssen.

Wissenschaft, Gesundheit und Ängste

Zoonosen, Mutationen und Verschwörungen – Was macht das mit uns?

Die Menschheit ist in zwei Dingen besonders gut. Zum einen: Sie kann durch internationalen Zusammenschluss und durch Kooperation scheinbar Unmögliches erreichen. Zum anderen: Sie kann diese Erfolge durch emotionale Einzelgänge und durch zerstörerische Einzelinteressen innerhalb kürzester Zeit wieder zunichtemachen. Wie viele Friedensabkommen wurden von neuen Machthabern wieder aufgekündigt, wie viele Minderheitenrechte von Staatsoberhäuptern ignoriert, wie viele Schutzabkommen für

Ökosysteme von neu gewählten Präsidenten torpediert? Es sind unzählige.

In der Corona-Krise kann man aus wissenschaftlicher Sicht sagen: Menschen haben das scheinbar Unmögliche erreicht, indem sie in nicht einmal einem Jahr eine funktionierende Schutzimpfung entwickelt haben. Das war nur durch die Zusammenarbeit rund um den Globus möglich. Man muss aber auch sagen: Weder wurden die entsprechenden Lehren aus der Krise gezogen, noch ist ein durchgängiges Konzept erkennbar, wie die Pandemie über Staatsgrenzen hinweg nachhaltig bewältigt werden könnte.

Viele Entscheidungsträger ignorieren nach wie vor die grundlegenden Probleme, die mutmaßlich zur Krise beigetragen haben – so lässt zum Beispiel Brasiliens Präsident Bolsonaro nach wie vor den Regenwald im Rekordtempo abholzen –, andere politische Kreise befeuern die Ängste der Menschen, indem sie Gerüchte reproduzieren und propagieren, die jeder wissenschaftlichen Grundlage entbehren. Es ist evident, dass wir diese Pandemie nicht isoliert als gesundheitliche Bedrohung sehen, sondern nur im Gesamtzusammenhang beurteilen können. Warum ist es so weit gekommen? Was hindert uns als Menschheit daran, gemeinsam gegen eine globale Bedrohung vorzugehen? Dieses Buch versucht, genau diesen Dingen auf den Grund zu gehen und zu erklären, warum manche Entwicklungen kaum zu beeinflussen, viele Probleme aber ohne Angst und Schrecken gut zu bewältigen sind. Ein Blick in die Geschichte ist dabei sehr hilfreich.

Zoonosen

Der gefährliche Sprung vom Tier zum Menschen

Die Menschen waren ahnungslos. Als die Pest im Mittelalter wütete, war es rätselhaft, wie sich die Krankheit verbreitete. Es gab aber immerhin die Vermutung, dass sie über den Atem der Infizierten übertragen wurde – Pestärzte trugen deshalb Schnabelmasken, die in Essig getränkte Schwämme beinhalteten und eine Ansteckung verhindern sollten. Heute wissen wir: Es handelte sich um eine klassische Zoonose. Rattenflöhe übertragen das gefährliche Bakterium Yersinia pestis auf den Menschen. Die Pest lieferte einen der ersten Hinweise, wie problematisch es werden kann, wenn unterschiedliche Spezies gezwungen sind, ihre Lebensräume zu teilen. Es gilt als gesichert, dass auch moderne Seuchen durch den Eingriff des Menschen in die Natur über Artengrenzen hinweg verbreitet werden können. Die Tollwut, lange Zeit eine gefürchtete Krankheit, wurde durch Füchse auf den Menschen übertragen. Erst durch die Immunisierung der Tiere über ausgelegte Impfköder konnte die Krankheit in Europa fast zur Gänze ausgerottet werden. Die Hauptursprungsgebiete für Zoonosen liegen heute in Gebieten mit großer Artenvielfalt, zum Beispiel in den Regenwäldern Südamerikas oder Asiens. Die Wissenschaft geht davon aus, dass mindestens 1,5 Millionen unterschiedliche Virenarten in den verschiedenen Tierpopulationen kursieren, die meisten davon übrigens in Nagetieren. Einige hunderttausend dieser Viren haben das Potenzial, auf den Menschen überzuspringen. Das macht nachdenklich: Wurden in den Achtzigerjahren an die tausend heftige Ausbrüche von Infektionskrankheiten registriert, ist dieser Wert heute dreimal so hoch. Viele davon sind tierischen Ursprungs.

Die Gründe für diese rasante Zunahme sind gut nachvollziehbar: Der Mensch dringt immer mehr in Lebensräume von Tieren vor, wo Erreger bisher isoliert und somit an der Verbreitung gehindert waren. Wenn heute Rinderherden für die Fleischproduktion immer tiefer in die Urwälder getrieben werden und dort mit bisher abgeschotteten Spezies in Kontakt kommen, ist die Einschleppung neuer Krankheitskeime nur noch eine Frage der Zeit. Viren und Bakterien finden immer leichter neue Wirte, da Wildpopulationen durch die Zerstörung ihrer Lebensräume mehr und mehr unter Druck geraten und die Erreger dadurch auf geschwächte Tiere treffen, deren Abwehrsystem nicht mehr mit ihnen fertig wird. Eine Steilvorlage für den Übersprung auf andere Lebewesen – und somit auch auf den Menschen. Deshalb geraten Zoonosen auch bei politischen Prozessen immer mehr in den Fokus.

Mitten in der SARS-Pandemie berieten sich im Januar 2021 in Paris politische Entscheidungsträger beim „One-Planet"-Gipfel. Dabei wurde klar, dass Klimawandel und Umweltzerstörung entscheidend zur schwierigen Lage beitragen. EU-Kommissionspräsidentin Ursula von der Leyen brachte es auf den Punkt: „Wenn wir nicht dringend handeln, um unsere Natur zu schützen, stehen wir vielleicht schon am Anfang einer Ära von Pandemien." In Paris wurde auch das Programm PREZODE (Preventing Zoonotic Disease Emergence) gestartet. Es soll, unterstützt von internationalen Organisationen, 2022 mit einem umfangreichen Aktionsplan in Vollbetrieb gehen.

In den Vereinigten Staaten wurde das Programm PREDICT ins Leben gerufen, das auf die Erkennung, Vorhersage und Verhinderung gefährlicher Zoonoseviren spezialisiert ist, die das Potenzial haben könnten, eine Pandemie auszulösen. Forscherinnen und Virologen dieses Netzwerkes haben an die 1000 Viren entdeckt, die ähnlich aufgebaut sind wie jene, die für die SARS-1 und SARS-2-Infektionswellen verantwortlich gemacht werden. Was nicht unbedingt beruhigend ist: Den aktuellen SARS-2-Erreger, der die Corona-Pandemie ausgelöst hat, hatten die Wissenschafter nicht am Radar.

Beim SARS-2-Virus ging die Forschung von Beginn an davon aus, dass es seinen Ursprung in Fledermäusen hat und über einen tierischen Zwischenwirt in den Menschen gelangt. Viele Forscherinnen und Experten gehen von Gürteltieren oder Tieren aus, die auf chinesischen Märkten angeboten werden. Dort werden Wildtiere neben lebenden und toten Zuchttieren gelagert und verkauft – ein ideales Milieu für die Verbreitung von Krankheitserregern. Forscher rund um den österreichischen Molekularbiologen Josef Penninger haben einige hundert Viren im Visier, die für den Menschen gefährlich werden könnten. Die Rückschlüsse der Wissenschafterinnen und Wissenschafter sind eindeutig: Sollte der Rücksichtslosigkeit und dem Raubbau am Planeten nicht Einhalt geboten werden, ist die nächste Pandemie, die ohne Vorwarnung auftaucht, nur eine Frage der nahen Zukunft.

Der Schutz von Lebensräumen, der verantwortungsvolle Umgang mit unberührten Naturgebieten, die Rücksicht auf die Verwundbarkeit des Planeten: Durch diese Schritte können wir uns gegen Infektionskrankheiten, Epidemien und Pandemien so weit wie möglich absichern. Das gilt grundlegend für gefährliche Erreger. Für die Wissenschaft ist das der erste Schritt zur Prävention. Bei den Viren müssen wir aber – auch wenn wir die bösen unter ihnen erkannt haben – immer im Hinterkopf behalten, dass ein ganzer Clan entstehen kann, bei dem sich die Exemplare der infektiösen Sippschaft zwar nur wenig unterscheiden, aber Früchtchen hervorbringen können, mit denen wir Menschen unsere liebe Not haben.

Mutationen

Die bösen Verwandten

Alles Leben ist Veränderung. Eine Binsenweisheit, die aber gerade bei Viren das Erfolgsgeheimnis schlechthin ist. Ohne die Fähigkeit, sich anzupassen und schnell auf Einflüsse zu reagieren, hätte sie die Evolution längst eliminiert. Denn bei einem Befall mit Viren und anderen Krankheitserregern wird in Organismen eine ganze Kaskade von Abwehrmechanismen in Gang gesetzt. Erkennt ein Immunsystem ein Virus als problematisch, werden Antikörper gebildet und Abwehrzellen attackieren den Eindringling. Zusätzlich speichert das Immunsystem typische Merkmale des erkannten Erregers in seiner Fahndungsdatenbank, um beim nächsten Angriff gerüstet zu sein und sofort Abwehrtruppen losschicken zu können. Ein Virus hat es also schnell mit einer Vielzahl an Gegnern zu tun, von denen es bekämpft wird. Nachdem es aber der Natur von Viren entspricht, sich schnell zu vermehren, wird über diesen Weg den Immunzellen durch eine evolutionär etablierte Strategie Widerstand geleistet. Dazu ändert das Virus bestimmte Eigenschaften an sich selbst – es mutiert (lat.: mutatio = Veränderung). Das Ziel dahinter ist, dem Immunsystem zu entkommen (in der Wissenschaftssprache Englisch: „immune escape"), Virologen nennen solche Veränderungen deshalb „Fluchtmutationen". Es ist schwer vorhersehbar, wie sich Mutationen schlussendlich manifestieren. Außerdem wirken sich bei Weitem nicht alle vorteilhaft auf das Virus aus. Einige verfügen unter Umständen jedoch über ein gefährliches Potential, so wie die Mutation B.1.1.7. des SARS-2-Virus, die im Herbst 2020 in England aufgetaucht ist. Mit dieser Mutation erlangte das Virus den Vorteil, deutlich infektiöser zu werden und so in kurzer Zeit viele Menschen infizieren zu können. Im Frühjahr 2021 tauchte die indische Mutation B.1.6.1.7. auf und ließ in England die Zahlen wieder ansteigen. Es dauerte nicht lange, und Indien protestierte gegen die Namensgebung. Hatte Großbritannien noch hingenommen, dass B.1.1.7 in den Medien als „britische Mutante" abgestempelt wurde, wollte Indien nicht akzeptieren, dass eine gefährliche neue Variante des Virus mit Indien in Verbindung gebracht wurde. Die Weltgesundheitsorganisation WHO, mittlerweile geübt in der Rolle des Mediators, beschloss, besorgniserregende Mutationen („variants of concern") in Zukunft mit griechischen Buchstaben zu benennen. So wurde aus der indischen Mutation die „Mutation Delta". Die Namensgebung bringt aber außer der Entschärfung von politischen Scharmützeln keine Lösung. Die Frage bei solchen problematischen Veränderungen wird auch in Zukunft sein: Warum ist das passiert, wo hat das Virus dazugelernt? Und da zeigt sich: Wir Menschen bieten dem Virus oft beste Bedingungen, ja, wir trainieren es manchmal leider sogar gegen uns selbst.

Das Fitnessstudio des Erregers

Viren sind evolutionär so angelegt, sich schnell zu vermehren, um möglichst viele Wirtstiere zu erreichen. Das gelingt ihnen manchmal besser, manchmal schlechter. Die Frage, die sich hier stellt, ist: Wo lernen sie, sich anzupassen? Was verschafft ihnen einen Vorteil? Am schnellsten und besten lernt man von einem einigermaßen ebenbürtigen Gegner, denn so wird man gezwungen, bis an seine Grenzen zu gehen – und dadurch stärker zu werden. Ein Virus wird sozusagen schlauer, wenn es gefordert wird. In medizinischen Untersuchungen hat sich gezeigt, dass ein bereits geschwächter Organismus, der ein Virus gerade noch in Schach halten kann, aber nicht die Oberhand gewinnt, diesem die Möglichkeit gibt, das Immunsystem über längere Zeit zu „studieren" und so neue Varianten auszubilden. Gelingt es dem Virus auf diese Art und Weise, mehr Nachkommen zu produzieren und damit im Fall von SARS-2 mehr Menschen zu infizieren, sprechen Wissenschafter von einem „Fitness-Vorteil". Fitness bedeutet in der Biologie, fähig zu sein, mehr Nachkommen in die Welt zu setzen. Wie könnte das SARS-2-Virus diese Fitness erlangt haben? Virologen verfolgen seit Jahren einige Thesen auf diesem Gebiet. Eine Möglichkeit wäre, dass ein Virus in einem Menschen, dessen Immunabwehr durch Medikamente unterdrückt wurde, ideale Bedingungen für ein „Fitnessstudio" vorfindet. Medikamentös unterdrückt wird das Immunsystem beispielsweise bei Menschen, die an Autoimmunerkrankungen leiden und bei denen das Immunsystem gegen den eigenen Organismus arbeitet. Um diese Selbstzerstörung einzubremsen, werden sogenannte Immunsuppressiva eingesetzt, die das Immunsystem abschwächen. Eine andere Möglichkeit könnte sich bei Menschen ergeben, die solche Medikamente nach einer Organtransplantation bekommen, damit der Körper das eingesetzte Organ nicht abstößt. Auch hier wäre es denkbar, dass das Virus bei einem sich nicht in Vollbetrieb befindlichen Abwehrsystem die Muskeln spielen lassen kann. Nachgewiesen wurde außerdem, dass das Virus vom Menschen auch wieder auf Tiere überspringen und dort neue Mutationen entwickeln kann. In Dänemark wurden im November 2020 deshalb Millionen Nerze getötet, um potenziell neue Mutationsvorgänge sofort zu unterbinden. Denn eines ist klar: Viren sind in ihrer Spezial-Disziplin, dem „Infizieren", über viele Millionen Jahre zu variantenreichen Weltmeistern geworden.

Es ist wie im Sport: Man kann es mit dem Training auch übertreiben. Die immer gleichen Varianten werden über kurz oder lang durchschaubar. Von den Virus-Typen à la SARS-2 wissen wir, dass sie bei der Vermehrung einem sturen Konzept folgen, indem sie immer das Gleiche tun: sich selbst zu reproduzieren. Dabei unterlaufen ihnen Fehler – aber selbst dafür haben sie ein Rezept: Sie korrigieren sie einfach. Das klingt vielversprechender als es ist. Wir wissen noch aus der Schule: Abschreiben ist auf Dauer nicht erfolgreich.

Notorischer Abschreiber mit Leseschwäche

Ein Virus funktioniert wie ein Kopierer: Ist es einmal mit einem Erbgut ausgestattet, kopiert es sein eigenes Genom möglichst rasch und oft, um Nachkommen zu erzeugen – die Mikrobiologie nennt diesen Vorgang Polymerase. Im Falle des SARS-2-Virus ist das ein komplexes Unterfangen: Das Erbgut des Erregers besteht aus 30.000 Bausteinen, die in einer ganz bestimmten Reihenfolge aneinandergereiht werden müssen, damit die Reproduktion funktioniert. Und da zeigen vor allem RNA-Viren Schwächen: Beim Kopieren passieren Fehler, es kommt immer wieder zu minimalen Veränderungen im Genom, weil verschiedene Abschnitte falsch gelesen und repliziert werden. Das kann sich als Vorteil erweisen, wie schon beschrieben, oder es wächst sich zu einem Problem aus, das die Angriffskraft eines Virus entscheidend schwächt. Deshalb hat die Evolution auch hier nachgebessert: Das SARS-2-Virus hat einen Reparaturmechanismus eingebaut, der solche Abschreibfehler erkennt und korrigiert. Was zunächst wie ein klarer Vorteil aussieht, hat jedoch auch einen Haken: Durch die ständige Korrektur wird das Virus langsamer und träger. Es kann nicht so schnell auf Veränderungen reagieren und ist nicht in der Lage, sehr schnell viele Varianten auszuprobieren. Das gilt aber wiederum nur, wenn es nicht allzu viele Versuchspersonen gibt, an denen sich der Erreger die Krallen schärfen kann. Doch genau das ist bei einer Pandemie der Fall: Hunderte Millionen Virusträger stehen als Sparringspartner zur Verfügung. Die stärkste und effektivste Variante, die vielversprechendste Mutation, setzt sich durch – und durch die Globalisierung wird sie schnell rund um den Erdball verteilt. Darum ist es auch wissenschaftlich nicht wirklich korrekt, von einer „britischen", einer „südafrikanischen" oder einer „brasilianischen" Mutation zu sprechen. Diese Mutationen wurden vielleicht in diesen Ländern erstmals entdeckt, doch woher sie ursprünglich stammen, ist in den meisten Fällen nur sehr schwer herauszufinden. Gefährliche Mutationen entstehen mit großer Wahrscheinlichkeit in Regionen, in denen das Virus einem hohen Infektionsdruck ausgesetzt ist und es zunehmend auf immunisierte Menschen stößt. Dort muss es sich verändern, um weiter potenzielle Wirtsorganismen infizieren zu können. Denn wenn es davon irgendwann zu wenige gibt, wird es eng für das Virus: Plötzlich stellt sich ihm eine ganze Herde von Immunisierten in den Weg und schützt so jene, die (noch) nicht immun sind. Das nennt die Medizin dann den „Herdenschutz". Dieser ist jedoch kaum noch zu erreichen, wenn das Virus mutiert und Varianten ausbildet. Dann wird es noch einmal richtig kompliziert.

ALPHA, BETA, GAMMA, DELTA – Variatio non delectat

Kein Erreger wurde bisher auch nur annähernd so genau studiert wie SARS-2, in diesem Punkt sind sich die Wissenschafter einig. Zwei Millionen verschiedene Genome zählten Virologen allein bis zum Sommer 2021 – Tendenz immer noch stark steigend. Die meisten Mutationen, die entstehen, bringen dem Virus gar nichts. Für die Weltgesundheitsorganisation beginnt es spannend zu werden, wenn ihr eine Mutation gemeldet wird, die als „variant of interest" tituliert wird – also eine „interessante" Variante, die man sich genauer ansehen muss. Eine „variant of concern" hingegen lässt die Alarmglocken schrillen. Dann handelt es sich um eine Mutation, die wirklich Grund

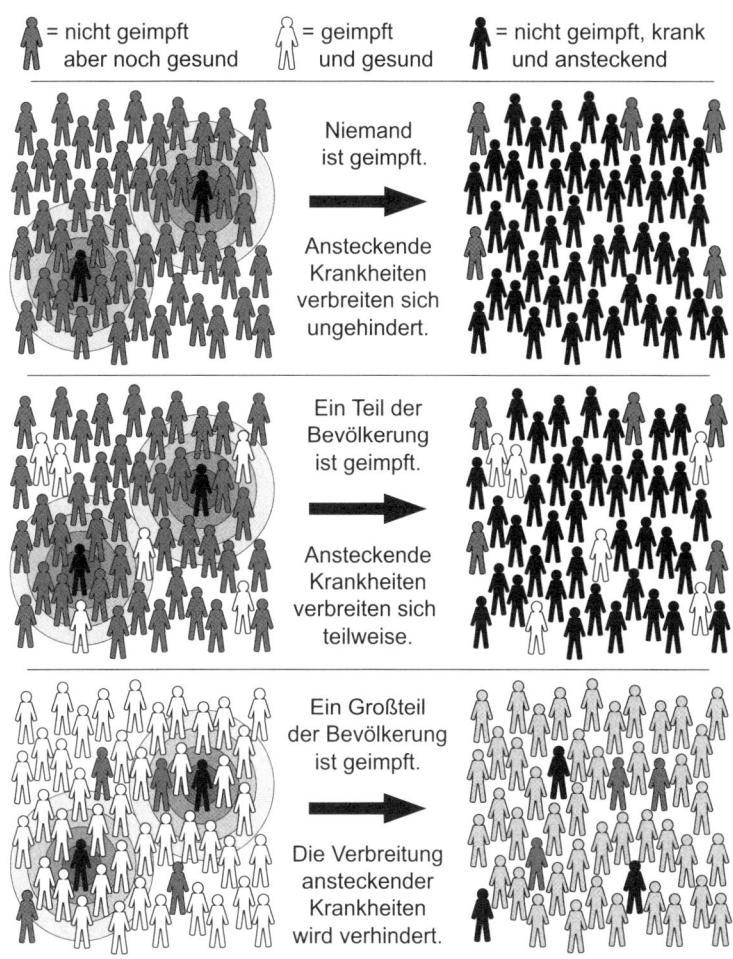

Ausbreitung ansteckender Krankheiten in Bevölkerungen mit unterschiedlicher Impfrate

zur Besorgnis liefert. Bei SARS-2 überraschte die Fähigkeit des Virus, sehr schnell sehr viele Menschen zu infizieren und sich zu verbreiten – die besagte „Fitness". Von Anfang an war dieses Virus in der Lage, sich schnell zu verteilen. Im Winter 2020 entdeckten britische Forscher eine neue Variante des Coronavirus, die in der Lage war, sich um 50 % schneller zu verbreiten als die ursprüngliche Variante aus Wuhan in China. Anfangs „britische Variante" genannt, bekam sie später den Namen „Alpha". Noch größere Probleme entstanden dann aber durch eine in Indien erstmals gefundene Mutation namens „Delta". Diese war noch einmal um 40 bis 60 % ansteckender als die Alpha-Variante. Niemand unter den Forschern hatte mit einer derart rasanten Entwicklung gerechnet. Besonders tückisch dabei: Die gefährlichen Fähigkeiten waren in den Labor-Tests kaum zu bemerken, erst durch die hohen Infektionszahlen bei den Menschen wurden Medizinerinnen und Virologen auf das große Problem aufmerksam. Chinesische Forscher untersuchten die Viruslast in Patienten mit der Delta-Variante und sahen mit Erstaunen, dass sie um bis zu tausendmal höher war als bei bereits bekannten Varianten. Bald mussten Mediziner feststellen, dass die Delta-Variante offenbar auch bereits Geimpfte leichter infizieren konnte. Aber eine wirkliche Flucht vor dem Immunsystem gelang dieser Mutation dennoch nicht, die Impfungen schützten und schützen sehr wirksam vor schweren Krankheitsverläufen.

Es ist eine Tatsache, dass mehr Geimpfte weniger Mutationen zulassen. Dazu kommen viele Menschen, die infiziert wurden und nach der Genesung einen Immunschutz aufgebaut haben. Damit wird für ein Virus die weitere Verbreitung immer weniger sinnvoll. Wen soll es noch infizieren? „Wenn ein Virus einmal so infektiös ist wie die Windpocken, dann ist die Frage, ob es da noch etwas drauflegen kann", sagt die österreichische Virologin Elisabeth Puchhammer-Stöckl.

Zu prognostizieren bleibt dann, welchen Weg das Virus einschlagen könnte, wenn es nicht mehr infektiöser werden kann. Es könnte dann verstärkt versuchen, dem durch Impfung oder Genesung aufgerüsteten Immunsystem zu entkommen. Das ist aber nach Einschätzung vieler Wissenschafter wesentlich schwieriger für den Erreger, als seine Infektiosität zu steigern. Corona-Viren gelten in dieser Hinsicht als wesentlich weniger flexibel als beispielsweise Grippeviren, die es immer wieder schaffen, dem Immunsystem zu entgehen – deshalb müssen auch Grippeimpfstoffe jedes Jahr adaptiert werden, um neue Stämme des Virus bekämpfen zu können.

Kann sich das SARS-2-Virus ungehindert ausbreiten, wird es immer häufiger nach Wegen suchen, sein Überleben zu sichern. Das begünstigt das Entstehen neuer, möglicherweise gefährlicherer Varianten. Aber auch wenn in der Öffentlichkeit über Varianten gesprochen wird wie über Kochrezepte: Es ist sehr kompliziert, die Manöver des Virus zu verstehen und herauszufinden, was vor sich geht. Dass es Virologen oft schon müde sind, zum wiederholten Mal zu erklären, dass das Ganze wesentlich komplexer ist als es in manchen Medien dargestellt wird, verwundert nicht wirklich. In ihrem Alltag sieht es ganz anders aus.

Die wundersame Sprache der Virologen

ORF 8 ist kein Fernsehkanal. Virologinnen und Virologen schauen sich das aber trotzdem immer wieder an. Denn in diesem Fall steht ORF für „Open Reading Frame" – eine besondere Variante von Genen, die beim SARS-2-Virus als möglicher Schwachpunkt ausgemacht wurde. Wie kam es dazu? In Singapur war Mikrobiologen zu Beginn der Pandemie im März 2020 aufgefallen, dass sich das Virus an einer Stelle verändert hatte. In der Welt der Wissenschaft passiert dann Folgendes: Ein Forscher aus Singapur ruft aufgeregt seinen Kollegen in Deutschland an und sagt: „Stell dir vor: Wir haben eine Deletion von ORF 8 bei der 382er-Variante. Und das korreliert mit einem signifikanten Rückgang an Hypoxien." Der deutsche Forscher unterbricht schnaufend seinen Morgenlauf und keucht ins Telefon: „Das heißt: target?" – „So weit sind wir noch nicht, aber es könnte ein guter Ansatz sein." Übersetzt in die Alltagssprache hat ein Wissenschafter in Singapur einem deutschen Experten mitgeteilt, dass eine Veränderung entdeckt worden ist, die das Virus offenbar schwächt und weniger gefährlich macht. Sein Kollege wollte wissen, ob diese Veränderung ein Ansatzpunkt für Therapien oder Impfstoffe sein könnte, was aber offenbar noch nicht ganz geklärt ist. So wie in vielen anderen Berufen sprechen Spezialisten irgendwann in Kürzeln, weil es weniger mühsam ist und Eingeweihte ohnedies sofort wissen, was gemeint ist. Eine in Südafrika erstmals entdeckte Mutation des SARS-2-Virus trägt den Namen N501Y. Für einen Virologen ist sofort klar: An der Stelle 501 im Genom hat sich bei den Aminosäuren Asparagin (Abkürzung: N) und Tyrosin (Abkürzung: Y) etwas getan. Das ist ein Bereich, wo es um eine Bindungsstelle für Rezeptoren geht – und das ist wiederum entscheidend dafür, ob die Antikörper im Menschen die richtigen Angriffspunkte finden. Hier könnte es also sein, dass das Virus beginnt, Versuche zu unternehmen, dem Immunsystem durch eine Mutation zu entkommen. Aber das ist nur ein kleiner Bruchteil der Arbeit, die gemacht werden muss. Um dann festzustellen, ob das Ganze einem Plan folgt, werden tausende verschiedene Erbsubstanzen des Virus untersucht und verglichen. Eine sehr mühsame Kleinarbeit, aber extrem wichtig. Denn in der Biologie sind es oft mehrere Veränderungen, die schließlich eine Mutation ausmachen – dafür haben die

Biologen das wunderschöne Wort „Epistase". Wenn dann ein neuer Typus, eine neue Mutation, als solche definiert ist, beginnt die nächste Knochenarbeit. Jetzt lässt man diese Mutation im Labor gegen die menschliche Immunabwehr antreten. Dabei versucht man, die Grenzen des Krankheitserregers auszuloten: Das Virus wird mit Antikörpern attackiert, die es zwar angreifen, aber nicht ganz ausschalten können – das Virus überlebt demnach gerade noch. In der Folge wird dieser Vorgang mehrmals wiederholt, um zu beobachten, ob das Virus unter diesem permanenten Druck in der Lage ist, Fluchtmutationen zu bilden, die ihm bessere Überlebenschancen sichern. Es waren italienische Forscher, die diesen Versuch bei der südafrikanischen Variante durchführten. Was sie sahen, war nicht sehr beruhigend: Nach zwölf Wiederholungen – die Mikrobiologie nennt das „Passagen" – hatte das Virus einen Notfallmodus gefunden: An der Position 484 im Genom waren zwei Aminosäuren verändert, und zwar Glutaminsäure (Abkürzung: E) und Lysin (Abkürzung: K) – deshalb die Abkürzung E484K für die Mutation. Außerdem hat die Forschergruppe in Italien Veränderungen an einer Glykosylierungsstelle ausgemacht, die Antikörper behindern könnte, und an Position 248 Abweichungen bemerkt. Die Rezeptorbindungsstelle an Position 417 ist ebenfalls auffällig. All das sind Details, die für Fachfrauen und -männer relevant sind. Für uns Normalsterbliche zeigen diese Experimente vor allem eines – dieses Virus ist wandlungsfähig. An dieser Stelle ist einzuräumen: All diese Versuche gehen unter Laborbedingungen vonstatten, bei denen man absichtlich grenzwertige Situationen provoziert, die unter normalen Umweltbedingungen kaum auftreten. Dennoch zeigen sie, was passieren kann, wenn dieser Erreger unter Druck gerät, zum Beispiel, wenn bereits viele Menschen Immunantworten entwickelt haben und das Virus in der Folge nach Auswegen suchen muss. Aber genau durch diese Fluchtversuche offenbarte SARS-2 auch seine offene Flanke, und das wussten Wissenschafter und ihre Kolleginnen eindrucksvoll zu nutzen. Was die genialen Menschen in ihren Laboren unterschätzten: Plötzlich mutierte die halbe Menschheit zu Experten ihrer Disziplin, und es verging kaum noch ein Tag, an dem nicht ein Küchenvirologe im Internet kramte und sich dann als Experte ausgab. Die Viertelstunde des Achtelwissens hatte geschlagen.

Millionen Virologen

Wie so oft in der Geschichte wussten es viele, die von den neu entwickelten Methoden zum ersten Mal gehört hatten, angeblich sehr schnell besser oder hatten es ohnehin immer schon besser verstanden. Bis heute machen Gerüchte die Runde, die zugelassenen Impfungen seien gefährlich und die Wissenschaft wisse nicht, was sie tue. Derartiges kam in der Vergangenheit schon oft vor. Die vielen Diskussionen in der Öffentlichkeit über gefährliche Impfungen, Mutationen, Varianten oder Mutanten sind oft medial verstärkte Schläge ins Flachwasser, die keinerlei Tiefgang haben und Virologinnen und Biologen kopfschüttelnd und fassungslos zurücklassen. So wie es beim Fußball Millionen selbstbewusste Nationaltrainer gibt, diskutieren plötzlich sehr viele Menschen über Genvarianten, Impfseren und epidemiologische Kurven. Beim oft durchaus redlichen Versuch, komplexe Zusammenhänge vereinfacht darzustellen, generieren Medien und oft auch Politikerinnen und Entscheidungsträger selbsternannte Expertenkreise, die noch zwei Tage zuvor Bakterien und Viren nicht auseinanderhalten konnten. Hier beginnen dann auch die erfolgreichen Zeiten der Demagogen und Verführer, der Verschwörungstheoretiker und Geschäftemacher. Ihre Rezepte kann man nach einem Zitat des legendären deutschen Journalisten Fritz Rumler folgendermaßen zusammenfassen: „Im Drüben fischen". Ganz nach dem Motto: „Es könnte ja sein …"

Verschwörer

Im Paralleluniversum der Verschwörungstheoretiker

Das Richtigstellen von Gerüchten beschäftigt mittlerweile ganze Abteilungen der Gesundheitsbehörden. Von Impfgegnern werden vor allem jene Themen ins Feld geführt, die bekanntermaßen für Verunsicherung sorgen können.

Zum Beispiel wird oft behauptet, der Impfstoff sei radioaktiv belastet. Das ist schlicht und einfach falsch – es wäre auch sehr schnell und einfach nachweisbar, wenn dem so wäre.

Dass Menschen durch die Impfung mit COVID-19 infiziert werden, ist ein Unsinn, der schon allein dadurch widerlegt werden kann, dass nur Teile des Virus verwendet werden – und diese können keine Krankheit auslösen. Aber durch die Impfung wäre das Immunsystem sieben Tage lang lahmgelegt, erwidern erregt die Angstmacher. Das genaue Gegenteil ist der Fall: Das Immunsystem wird angeregt und rüstet auf, deshalb haben auch manche Nebenwirkungen wie leichtes Kopfweh oder Mattigkeit. Das System springt an.

Gerade bei Frauen ist die mögliche Unfruchtbarkeit ein Droh-Szenario, dem man sich nur schwer entziehen kann. Deshalb wurde von den Impfskeptikern ein besonders raffiniertes Konvolut zusammengestellt, das nur mit mikrobiologischem Hintergrundwissen widerlegt werden kann (siehe S. 201ff.).

Dass mit der Impfung alle möglichen Substanzen, ja sogar Mikrochips in den Körper geschleust werden könnten, macht die Spritze zu einem guten Grad unheimlich. Dabei werden Gruselgeschichten konstruiert, deren Ursprung nur durch genaue Recherche herausgefunden werden kann, wie zum Beispiel im Fall des ominösen Mikrochips von Bill Gates (siehe S. 208ff.).

Die mysteriösen angeblichen Langzeitfolgen appellieren an die Zukunftsängste der Menschen, die dadurch verunsichert werden. Der Beweis dafür muss nicht angetreten werden, weil ja alles Spekulation ist (siehe S. 210ff.).

Zu den kuriosesten Horrorszenarien zählt die Legende von sogenannten „Impfmücken", die nach Darstellung von Impfgegnern genmanipuliert wurden, um Demonstranten bei Protesten gegen COVID-Maßnahmen „zwangszuimpfen". Die Insekten wären angeblich bei Temperaturen von bis zu fünf Grad überlebensfähig. Der Stich sei nur sehr kurz sichtbar und verursache keinen Juckreiz. Verschwörungstheoretiker rufen demnach bei Demonstrationen dazu auf, bloße Hautstellen zu bedecken.

Angeblich gefährliche Handystrahlen sind schon viele Jahre ein Dauerbrenner der Verschwörungstheorien. Da kommt es nur gelegen, dass mit 5G ein neuer Sende-Standard eingeführt wird. Über diese Strahlung werde das Virus verteilt, so die Behauptung. Jedoch verbreitet sich das Virus auch in den Ländern stark, wo 5G noch gar nicht eingesetzt wird, wie etwa in Afrika, was diese Mutmaßung ad absurdum führt.

Ein weit verbreiteter Irrglaube ist auch, Impfungen würden das Virus erst recht dazu anstacheln, neue Mutationen zu bilden. Bei Milliarden Menschen ist die gefährlichste Phase einer Pandemie jene, in der sich der Erreger mit vielen Menschen messen kann. Impfungen verhindern nicht nur einen schweren Krankheitsverlauf, sondern zu bestimmten Teilen auch eine Übertragung. Sie drücken die Infektionszahlen, was weniger Erkrankte und weniger Clusterbildungen bedeutet.

Der erfolgversprechendste Weg, Pandemien wie Corona zu bekämpfen, ist daher immer, die Verbreitung mit allen Mitteln einzudämmen, um das Trainingsgebiet für Erreger mehr und mehr einzugrenzen.

Die Liste der abstrusen Theorien ließe sich fast unendlich fortsetzen. Es lässt sich nur darüber staunen, was alles geglaubt wird, um Bedenken zu untermauern. Ein kleiner Tipp: Sehen Sie sich doch einmal an, welche Folgen der Impfungen vor vielen Monaten vorhergesagt wurden und was tatsächlich eingetreten ist. „Die Rache des Journalisten ist das Archiv", sagte der legendäre österreichische ORF-Moderator Robert Hochner. Die Rache des Internet-Benutzers ist es, Behauptungen mit Gegenwartsbezug aus der Vergangenheit noch einmal zu überprüfen. Schauen Sie nach, was zu Beginn der Impfungen alles prophezeit wurde – Sie werden nicht nur darüber staunen, dass Sie noch am Leben sind.

Unfruchtbarkeit fällt auf furchtbar fruchtbaren Boden

Impfgegner haben im Großen und Ganzen immer zwei Strategien: Sie warnen vor Langzeitfolgen und sie sprechen Gefahren an, die emotional besonders aufgeladen sind. Was wäre da naheliegender, als Frauen in Aussicht zu stellen, sie würden durch die Impfungen unfruchtbar werden. Eine solche Drohung lässt niemanden kalt, der auch nur im Entferntesten daran denkt, einmal eine Familie zu gründen. Dementsprechend verfängt diese Behauptung vor allem bei jungen Frauen und in Bereichen, wo Kinder im Mittelpunkt stehen, etwa bei

Berufsgruppen wie Kindergärtnerinnen und Elementarpädagoginnen sowie bei Hebammen. Das heißt keinesfalls, dass sie nicht einen tollen Job machen, und es ist nachvollziehbar, dass sie sich Sorgen machen, wie das nun wirklich ist mit der möglichen Auswirkung der Impfung auf die Fruchtbarkeit. Bei diesem Thema genügt schon wenig, um unsicher zu werden. Worum geht es dabei? Die vorgebliche Gefährlichkeit der Impfung wird damit begründet, dass im Serum ein Protein enthalten sei, das auch in der Plazenta gebildet wird (dieses Plazenta-Protein heißt Syncytin-1). Die Impfungen zielen darauf ab, dem Immunsystem ein Protein zu präsentieren, das im SARS-2-Virus enthalten ist. Der Körper erkennt dieses Protein als fremd und attackiert es. Wenn nun aber für die Ausbildung der Plazenta ebenfalls dieses Protein gebildet wird, kann das – möchte man meinen – ja nur heißen, dass das Immunsystem sich auch dagegen richtet und somit die Ausbildung verhindert wird, was eine Schwangerschaft unmöglich macht. Das ist doch schlüssig, oder? Prinzipiell ja. Die wichtigste Frage ist aber: Wie ähnlich ist dieses Protein des SARS-2-Virus dem Protein der Plazenta? Das lässt sich sehr genau bestimmen: Nehmen wir zunächst den genetischen Code das SARS-2-Oberflächenproteins. Der sieht so aus:

```
MFVFLVLLPLVSSQCVNLTTRTQLPPAYTNSFTRGVYYPDKVFRSS
VLHSTQDLFLPFFSNVTWFHAIHVSGTNGTKRFDNPVLPFNDGVY
FASTEKSNIIRGWIFGTTLDSKTQSLLIVNNATNVVIKVCEFQFCND
PFLGVYYHKNNKSWMESEFRVYSSANNCTFEYVSQPFLMDLEGKQG
NFKNLREFVFKNIDGYFKIYSKHTPINLVRDLPQGFSALEPLVDL
PIGINITRFQTLLALHRSYLTPGDSSSGWTAGAAAYYVGYLQPRT
FLLKYNENGTITDAVDCALDPLSETKCTLKSFTVEKGIYQTSNFRV
QPTESIVRFPNITNLCPFGEVFNATRFASVYAWNRKRISNCVADYS
VLYNSASFSTFKCYGVSPTKLNDLCFTNVYADSFVIRGDEVRQIAPG
```

QTGKIADYNYKLPDDFTGCVIAWNSNNLDSKVGGNYNYLYRLFRKS

NLKPFERDISTEIYQAGSTPCNGVEGFNCYFPLQSYGFQPTNGVGYQ

PYRVVVLSFELLHAPATVCGPKKSTNLVKNKCVNFNFNGLTGTGVL

TESNKKFLPFQQFGRDIADTTDAVRDPQTLEILDITPCSFGGVSVI

TPGTNTSNQVAVLYQDVNCTEVPVAIHADQLTPTWRVYSTGSNVF

QTRAGCLIGAEHVNNSYECDIPIGAGICASYQTQTNSPGSASSVAS

QSIIAYTMSLGAENSVAYSNNSIAIPTNFTISVTTEILPVSMTKTS

VDCTMYICGDSTECSNLLLQYGSFCTQLNRALTGIAVEQDKNTQEV

FAQVKQIYKTPPIKDFGGFNFSQILPDPSKPSKRSFIEDLLFNKVT

LADAGFIKQYGDCLGDIAARDLICAQKFNGLTVLPPLLTDEMIA

QYTSALLAGTITSGWTFGAGAALQIPFAMQMAYRFNGIGVTQNVLY

ENQKLIANQFNSAIGKIQDSLSSTASALGKLQDVVNQNAQALNTLV

KQLSSNFGAISSVLNDILSRLDPPEAEVQIDRLITGRLQSLQTYVTQ

QLIRAAEIRASANLAATKMSECVLGQSKRVDFCGKGYHLMSFPQSA

PHGVVFLHVTYVPAQEKNFTTAPAICHDGKAHFPREGVFVSNGT

HWFVTQRNFYEPQIITTDNTFVSGNCDVVIGIVNNTVYDPLQPELDS

FKEELDKYFKNHTSPDVDLGDISGINASVVNIQKEIDRLNEVAKNL

NESLIDLQELGKYEQGSGYIPEAPRDGQAYVRKDGEWVLLSTFLGRS

LEVLFQGPGHHHHHHHSAWSHPQFEKGGGSGGGGSGGSAWSHPQFEK

Und jetzt sehen wir uns zum Vergleich den genetischen Code des
Plazenta bildenden Proteins an:

MALPYHIFLFTVLLPSFTLTAPPPCRCMTSSSPYQEFLWRMQRPG

NIDAPSYRSLSKGTPTFTAHTHMPRNCYHSATLCMHANTHYWTGK

MINPSCPGGLGVTVCWTYFTQTGMSDGGGVQDQAREKHVKEVIS

QLTRVHGTSSPYKGLDLSKLHETLRTHTRLVSLFNTTLTGLHEVSA

QNPTNCWICLPLNFRPYVSIPVPEQWNNFSTEINTTSVLVGPLVS

NLEITHTSNLTCVKFSNTTYTTNSQCIRWVTPPTQIVCLPSGIFF

203

```
VCGTSAYRCLNGSSESMCFLSFLVPPMTIYTEQDLYSYVISKPRNKR
VPILPFVIGAGVLGALGTGIGGITTSTQFYYKLSQELNGDMERVADS
LVTLQDQLNSLAAVVLQNRRALDLLTAERGGTCLFLGEECCYYVNQS
GIVTEKVKEIRDRIQRRAEELRNTGPWGLLSQWMPWILPFLGPLAAI
ILLLLFGPCIFNLLVNFVSSRIEAVKLQMEPKMQSKTKIYRRPL
DRPASPRSDVNDIKGTPPEEISAAQPLLRPNSAGSS
```

Für Laien sind solche Codes nichtssagend, doch für Biotechnologinnen und Bioinformatiker sind sie so etwas wie ihre Alltagssprache. Verschiedene Aminosäuren bilden ein Protein. Uns geht es nun aber darum festzustellen, wie ähnlich sich die beiden Proteine sind. Dazu sehen wir uns an, wo es Übereinstimmungen in deren genetischem Code gibt. Mit den Methoden der Bioinformatik finden Computer blitzschnell heraus, in welchen Abschnitten Übereinstimmungen zu finden sind. In diesem Fall wirft der Rechner folgendes aus:

```
MFVFLVLLPLVSSQCVNLTTRTQLPPAYTNSFTRGVYYPDKVFRSS
VLHSTQDLFLPFFSNVTWFHAIHVSGTNGTKRFDNPVLPFNDGVY
FASTEKSNIIRGWIFGTTLDSKTQSLLIVNNATNVVIKVCEFQFCND
PFLGVYYHKNNKSWMESEFRVYSSANNCTFEYVSQPFLMDLEGKQG
NFKNLREFVFKNIDGYFKIYSKHTPINLVRDLPQGFSALEPLVDL
PIGINITRFQTLLALHRSYLTPGDSSSGWTAGAAAYYVGYLQPRT
FLLKYNENGTITDAVDCALDPLSETKCTLKSFTVEKGIYQTSNFRV
QPTESIVRFPNITNLCPFGEVFNATRFASVYAWNRKRISNCVADYS
VLYNSASFSTFKCYGVSPTKLNDLCFTNVYADSFVIRGDEVRQIAPG
QTGKIADYNYKLPDDFTGCVIAWNSNNLDSKVGGNYNYLYRLFRKS
NLKPFERDISTEIYQAGSTPCNGVEGFNCYFPLQSYGFQPTNGVGYQ
PYRVVVLSFELLHAPATVCGPKKSTNLVKNKCVNFNFNGLTGTGVL
TESNKKFLPFQQFGRDIADTTDAVRDPQTLEILDITPCSFGGVSVI
```

TPGTNTSNQVAVLYQDVNCTEVPVAIHADQLTPTWRVYSTGSNVF
QTRAGCLIGAEHVNNSYECDIPIGAGICASYQTQTNSPGSASSVAS
QSIIAYTMSLGAENSVAYSNNSIAIPTNFTISVTTEILPVSMTKTS
VDCTMYICGDSTECSNLLLQYGSFCTQLNRALTGIAVEQDKNTQEV
FAQVKQIYKTPPIKDFGGFNFSQILPDPSKPSKRSFIEDLLFNKVT
LADAGFIKQYGDCLGDIAARDLICAQKFNGLTVLPPLLTDEMIA
QYTSALLAGTITSGWTFGAGAALQIPFAMQMAYRFNGIGVTQNVLY
ENQKLIANQFNSAIGKIQDSLSSTASALGKLQDVVNQNAQALNTLV
KQLSSNFGAISSVLNDILSRLDPPEAEVQIDRLITGRLQSLQTYVTQ
QLIRAAEIRASANLAATKMSECVLGQSKRVDFCGKGYHLMSFPQSA
PHGVVFLHVTYVPAQEKNFTTAPAICHDGKAHFPREGVFVSNGT
HWFVTQRNFYEPQIITTDNTFVSGNCDVVIGIVNNTVYDPLQPELDS
FKEELDKYFKNHTSPDVDLGDISGINASVVNIQKEIDRLNEVAKNL
NESLIDLQELGKYEQGSGYIPEAPRDGQAYVRKDGEWVLLSTFLGRS
LEVLFQGPGHHHHHHHHSAWSHPQFEKGGGSGGGGSGGSAWSHPQFEK

MALPYHIFLFTVLLPSFTLTAPPPCRCMTSSSPYQEFLWRMQRPG
NIDAPSYRSLSKGTPTFTAHTHMPRNCYHSATLCMHANTHYWTGK
MINPSCPGGLGVTVCWTYFTQTGMSDGGGVQDQAREKHVKEVIS
QLTRVHGTSSPYKGLDLSKLHETLRTHTRLVSLFNTTLTGLHEVSA
QNPTNCWICLPLNFRPYVSIPVPEQWNNFSTEINTTSVLVGPLVS
NLEITHTSNLTCVKFSNTTYTTNSQCIRWVTPPTQIVCLPSGIFF
VCGTSAYRCLNGSSESMCFLSFLVPPMTIYTEQDLYSYVISKPRNKR
VPILPFVIGAGVLGALGTGIGGITTSTQFYYKLSQELNGDMERVADS
LVTLQDQLNSLAAVVLQNRRALDLLTAERGGTCLFLGEECCYYVNQS
GIVTEKVKEIRDRIQRRAEELRNTGPWGLLSQWMPWILPFLGPLAAI
ILLLLFGPCIFNLLVNFVSSRIEAVKLQMEPKMQSKTKIYRRPL
DRPASPRSDVNDIKGTPPEEISAAQPLLRPNSAGSS

Was ist passiert? Die Software hat genau die Bereiche markiert, in denen es die meisten Übereinstimmungen gibt. Legt man die Abschnitte der beiden Proteine untereinander, sieht das dann so aus:

```
IANQFNSAIGKIQDSLSSTASALGKLQDVVNQNAQALNTLVKQ
LSQELNGDMERVADSLVTLQDQLNSLAAVVLQNRRALDLLTAE
```

Und jetzt können wir uns anzeigen lassen, wo die Übereinstimmungen liegen:

```
IANQFNSAIGKIQDSLSSTASALGKLQDVVNQNAQALNTLVKQ
LSQELNGDMERVADSLVTLQDQLNSLAAVVLQNRRALDLLTAE
```

Wollen wir das Ganze noch etwas bedrohlicher aussehen lassen und mit dem mikrobiologischen Zaunpfahl winken, dann machen wir das so:

```
IANQFNSAIGKIQDSLSSTASALGKLQDVVNQNAQALNTLVKQ
LSQELNGDMERVADSLVTLQDQLNSLAAVVLQNRRALDLLTAE
```

Verblüffend, alarmierend? Nicht im Geringsten. Solche Übereinstimmungen kommen in der Genetik millionenfach vor. Zu behaupten, die Impfungen wären aufgrund dieser Ähnlichkeit gefährlich, ist ein fieser Trick von Gerüchtemachern, um Menschen zu verunsichern. Molekularbiologinnen zucken nur mit den Schultern und sagen: „Das seh' ich jeden Tag tausendfach." Falls Ihnen jetzt jemand aus der Impfgegnerschaft sagt: „Die lügen doch schon wieder!", dann können Sie sogar noch nachlegen: Im genetischen

Code des SARS-2-Oberflächenproteins hat einer der Autoren dieses Buches seine Spuren hinterlassen, er steckt also womöglich dahinter:

```
MFVFLVLLPLVSSQCVNLTTRTQLPPAYTNSFTRGVYYPDKVFRSSVLHS
TQDLFLPFFSNVTWFHAIHVSGTNGTKRFDNPVLPFNDGVYFASTEKSNI
IRGWIFGTTLDSKTQSLLIVNNATNVVIKVCEFQFCNDPFLGVYYHKNNK
SWMESEFRVYSSANNCTFEYVSQPFLMDLEGKQGNFKNLREFVFKNIDGY
FKIYSKHTPINLVRDLPQGFSALEPLVDLPIGINITRFQTLLALHRSYLT
PGDSSSGWTAGAAAYYVGYLQPRTFLLKYNENGTITDAVDCALDPLSETK
CTLKSFTVEKGIYQTSNFRVQPTESIVRFPNITNLCPFGEVFNATRFASV
YAWNRKRISNCVADYSVLYNSASFSTFKCYGVSPTKLNDLCFTNVYADSF
VIRGDEVRQIAPGQTGKIADYNYKLPDDFTGCVIAWNSNNLDSKVGGNYN
YLYRLFRKSNLKPFERDISTEIYQAGSTPCNGVEGFNCYFPLQSYGFQPT
NGVGYQPYRVVVLSFELLHAPATVCGPKKSTNLVKNKCVNFNFNGLTGTG
VLTESNKKFLPFQQFGRDIADTTDAVRDPQTLEILDITPCSFGGVSVITP
GTNTSNQVAVLYQDVNCTEVPVAIHADQLTPTWRVYSTGSNVFQTRAGCL
IGAEHVNNSYECDIPIGAGICASYQTQTNSPGSASSVASQSIIAYTMSLG
AENSVAYSNNSIAIPTNFTISVTTEILPVSMTKTSVDCTMYICGDSTECS
NLLLQYGSFCTQLNRALTGIAVEQDKNTQEVFAQVKQIYKTPPIKDFGGF
NFSQILPDPSKPSKRSFIEDLLFNKVTLADAGFIKQYGDCLGDIAARDLI
CAQKFNGLTVLPPLLTDEMIAQYTSALLAGTITSGWTFGAGAALQIPFAM
QMAYRFNGIGVTQNVLYENQKLIANQFNSAIGKIQDSLSSTASALGKLQD
VVNQNAQALNTLVKQLSSNFGAISSVLNDILSRLDPPEAEVQIDRLITGR
LQSLQTYVTQQLIRAAEIRASANLAATKMSECVLGQSKRVDFCGKGYHLM
SFPQSAPHGVVFLHVTYVPAQEKNFTTAPAICHDGKAHFPREGVFVSNGTH
WFVTQRNFYEPQIITTDNTFVSGNCDVVIGIVNNTVYDPLQPELDSFKE
ELDKYFKNHTSPDVDLGDISGINASVVNIQKEIDRLNEVAKNLNESLIDL
QELGKYEQGSGYIPEAPRDGQAYVRKDGEWVLLSTFLGRSLEVLFQGPGH
HHHHHHHSAWSHPQFEKGGGSGGGGSGGSAWSHPQFEK
```

Das ist ebenfalls purer Zufall. Es ist also große Vorsicht geboten, wenn fadenscheinige Beweisführungen durch angebliche wissenschaftliche Fakten gestützt werden. Was nach fundierter Expertise aussieht, ist vielleicht teilweise richtig, an den entscheidenden Punkten jedoch absolut falsch und folgt manipulativen Absichten. Und dabei scheint es keine Grenzen zu geben, was alles geglaubt wird.

Chippen Tales – Bill Gates in der Blutbahn

Jennifer Gates ist eine Ärztin mit Humor. Kurz nachdem die Medizinerin im Februar 2021 geimpft worden war, konnte sie sich einen Seitenhieb auf Impfskeptiker nicht verkneifen: „Leider hat der Impfstoff meinen genialen Vater nicht in mein Hirn implantiert, wenn mRNA doch nur diese Kraft hätte!" Die Tochter von Multimilliardär und Microsoft-Gründer Bill Gates spielte damit auf Verschwörungstheorien an, wonach ihr Vater hinter einem Komplott stecke, das auf ein lukratives Zwangsimpfen von Milliarden Menschen abziele. Um die Kontrolle über seine Opfer zu haben, würde mit der Impfung zusätzlich ein Mikrochip implantiert. Der Grund dieser Attacken auf Gates ist eine Privatstiftung, mit der er und seine Frau Projekte rund um den Globus finanzieren. Dazu zählen auch Impfprojekte. Wie das mit dem Chip technisch funktionieren soll, wird von den Propagandisten dieser Verschwörungstheorie gar nicht lange hinterfragt – „Die haben Methoden, die wir alle noch nicht kennen", ist ein Standardargument. Damit lassen sich die abstrusesten Ideen zu Bedrohungen umfunktionieren, ohne dass jemand etwas beweisen muss. Verschwörungstheorien haben gemein, dass angeblich eine geheimnisvolle Macht im Hintergrund agiert, die den Menschen Böses will.

Die Gerüchte rund um die via Impfung implantierten Chips gehen auf ein Interview zurück, das Bill Gates im März 2020 zu Beginn der Pandemie gegeben hat. Dort meinte der Microsoft-Gründer, in naher Zukunft wäre es denkbar, dass Menschen einen digitalen Ausweis mit ihren Gesundheitsdaten bei sich hätten, der Auskunft über ihren Impfstatus etc. geben könnte. Nicht weiter verwunderlich, dass ein Computerpionier solche Überlegungen anstellt. Womit er aber nicht gerechnet hatte: Diese Aussage wurde im Internet um- und überinterpretiert. Es lässt sich gut nachverfolgen, wie aus dem einen Satz über diverse Internetseiten eine Verschwörungstheorie konstruiert wurde. Ein schwedisches Portal, dessen Betreiber große Anhänger eines durch Technik modifizierbaren Menschen sind, entdeckte das Zitat und konstruierte nach eigenen Angaben aus dem digitalen Ausweis einen implementierbaren Chip. Davon erfuhr ein amerikanischer Pastor, der Gates schon länger mit biblischem Hass verfolgte. Dessen Internetpredigt schnappte dann Roger Stone, der republikanische Vertraute des damaligen Präsidenten Donald Trump, auf und teilte die Botschaft millionenfach. Seit damals ist die abstruse und technisch unmögliche Lügengeschichte nicht mehr auszurotten.

Von Bill Gates ist es dann nicht weit zu Freimaurern und zu Finanzhaien an der amerikanischen Ostküste. Besonders auffallend und gefährlich ist dabei, dass häufig antisemitische Vorurteile bemüht werden – rechtsextremes Gedankengut ist bei Verschwörungstheoretikern nicht selten zu finden. Im Juli 2021 trennte sich der österreichische Privatsender Servus TV vom umstrittenen Maßnahmen-Kritiker Sucharit Bhakdi, der über viele Monate regelmäßig in Programmen des Senders zu sehen war. Jedoch nicht, weil er seine gewagten Thesen über das angeblich harmlose Coronavirus und die seiner Meinung nach gefährlichen Impfungen einmal zu oft wiederholte. Ausschlaggebend war vermutlich ein Interview Bhakdis, in dem er über Israel meinte:

„Das Volk, das geflüchtet ist aus diesem Land, aus diesem Land, wo das Erzböse war, und ihr Land gefunden haben, haben ihr eigenes Land in etwas verwandelt, was noch schlimmer ist, als Deutschland war. (…) Das ist das Schlimme an den Juden: Sie lernen gut. Es gibt kein Volk, das besser lernt als sie. Aber sie haben das Böse jetzt gelernt – und umgesetzt. Deshalb ist Israel jetzt living hell – die lebende Hölle."

Es war nicht das erste Mal, dass solche Töne aus Kreisen der Impfgegner zu hören waren. Die vom deutschen Familienministerium geförderte Initiative „Hass im Netz" beobachtet diese Tendenz seit Längerem: „Nicht selten wird hinter der ‚globalen Elite' explizit eine jüdische Machenschaft konstruiert und sprachlich in gewisse Codes und Personifizierungen wie ‚Soros' oder ‚Rothschild' verpackt."[49] Ein gefährlicher Trend, der manchen, die vermeintlich friedlich und ohne böse Absichten gegen Corona-Maßnahmen protestieren, nicht bewusst ist. Sie fürchten ja vor allem das, was in der Zukunft liegt. Und das erscheint doch allemal gewichtiger – die nächste gedankliche Abkürzung mit Sackgassen-Risiko.

Kurzschluss bei den Langzeitfolgen

Als die Corona-Pandemie begann, dämpften Wissenschafter die Hoffnungen auf eine frühe Impfung. Zulassungsverfahren für Impfstoffe würden Jahre dauern, es müsse sehr viel getestet werden. Doch dann, im Frühsommer 2020, klangen Virologen plötzlich viel hoffnungsvoller. Florian Krammer, ein bekannter österreichischer

Impfforscher in New York, war einer der ersten, der meinte: „Das sieht sehr gut aus, vielleicht haben wir sogar heuer noch ein wirksames Serum." Wilde Spekulationen setzten ein, wie schnell das gehen könnte, in den Boulevardmedien kursierten schon Gerüchte einer „Superspritze". Am hoffnungsvollsten blickte man nach Oxford, wo mit Sarah Gilbert eine bekannte Biologin an der Entwicklung eines Impfstoffes arbeitete. Im Juli tauchten in gut informierten Kreisen Gerüchte auf, das deutsche Unternehmen Biontech sei gemeinsam mit dem Pharmariesen Pfizer auf einem sehr vielversprechenden Weg. Das Mainzer Unternehmen war für seine Forschungen im Bereich der mRNA bekannt, vor allem im Kampf gegen Krebs. Bereits im Frühjahr 2020 hatten die führenden Wissenschafter von Biontech die Idee entwickelt, das bereits gut erprobte mRNA-Verfahren für einen Corona-Impfstoff anzuwenden. Die Überlegung war nicht mehr ganz neu: Bereits 2012 wurden mRNA-Impfstoffe gegen das aggressive MERS-Virus (ebenfalls ein Coronavirus) getestet, 2017 hatte ein Impfstoffentwickler an mRNA-Impfstoffen gegen Tollwut geforscht. Das bedeutet, dass schon sehr viel Wissen über diesen Impf-Typus vorhanden war. Die Chancen für ein so gewonnenes Serum gegen das SARS-2-Virus wurden von vielen Wissenschaftern als nicht allzu groß eingeschätzt. Doch dass es ein möglicher Weg sein könnte, bestritt niemand, der sich seriös damit beschäftigte. Die ersten Tests an Tieren verliefen sehr vielversprechend und auch bei den ersten Versuchen mit Menschen war die Schutzwirkung durchaus beeindruckend. Dann begann ein Verfahren, das es in der Geschichte der Medizin so noch nicht gegeben hatte: Die Daten der Untersuchungen wurden permanent und fortlaufend an die Zulassungsbehörden geschickt – ein sogenanntes „Rolling-Review-Verfahren", bei dem alle relevanten Erkenntnisse sofort weitergeleitet werden. Das macht den Genehmigungsprozess viel schneller. In früheren Verfahren wurde ein ganzes Konvolut an Daten in einem Paket an die Behörden geschickt, die erst dann mit den Prüfungen beginnen konnten und sich durch abertausende Seiten an Unterlagen wühlen mussten – ein sehr mühsamer und langsamer Prozess.

Das neu etablierte Schnellverfahren wurde von Skeptikern von Anfang an kritisch beäugt. Hatte es nicht anfangs geheißen, eine Impfstoffentwicklung dauere in jedem Fall einige Jahre? Wieso sollte es plötzlich möglich sein, Abkürzungen zu nehmen, die davor ausgeschlossen waren? Wie wollte man Langzeitfolgen der Impfung ausschließen?

Das Schlagwort der „Langzeitfolgen" hallt bei vielen Menschen nach. Was ist in zwei, in drei, oder gar in zehn Jahren? Bei allen Impfungen, die bislang eingesetzt wurden: nichts. Wenn Nebenwirkungen bei Impfungen auftauchen, dann passiert das Stunden, eventuell Tage, in seltenen Fällen Wochen nach dem Stich. In der Medizin spricht man von „Langzeitfolgen", wenn sehr seltene Nebenwirkungen auftreten. Dies betrifft möglicherweise eine von 100.000 geimpften Personen. Das bedeutet, dass man eine bestimmte Nebenwirkung unter Umständen erst Wochen oder Monate später feststellen wird, wenn dann eine Person davon betroffen ist – eben lange nach Beginn der Impfungen – deshalb spricht man rein medizinisch von einer „Langzeitfolge". Beim Betroffenen selbst wird man sie hingegen schnell bemerken, insgesamt aber unter Umständen eben viel später. Es könnte der oder die erste Geimpfte betroffen sein oder eben Impfling Nummer 100.000.

Oft wird auch behauptet, die Behörden würden Nebenwirkungen verschweigen. Das ist falsch. In Österreich dokumentiert das

Bundesamt für Sicherheit im Gesundheitswesen gemeldete Nebenwirkungen sehr akribisch. Diese Daten werden laufend aktualisiert
und sind für alle Interessierten im Internet einsehbar. Vom 27.12.2020
bis zum 13.8.2021 listet die Behörde beispielsweise auf:

Anzahl Meldungen von vermuteten Nebenwirkungen			
Impfstoff bzw. Zulassungsinhaber	Impfungen laut e-Impfpass	Nebenwirkungsmeldungen	Melderate (Meldungen pro 1.000 Impfungen)
BioNTech/Pfizer	7.371.375	13.258	1,79
Moderna	988.473	3.090	3,12
AstraZeneca	1.559.708	18.571	11,91
Janssen	221.511	713	3,22
Gesamt	10.141.067	35.632	3,51

Der Impfstoff von AstraZeneca zeigt eine deutlich höhere Melderate
als die Impfstoffe von BioNTech/Pfizer oder Moderna. Die bisher
gemeldeten vermuteten Nebenwirkungen entsprechen sowohl in
ihrer Art als auch in ihrer Häufigkeit den aus den Zulassungsstudien
zu erwartenden Reaktionen. Neben Reaktionen an der Einstichstelle
zählen Kopfschmerzen oder Müdigkeit (bei jeweils ca. 53 Prozent der
Proband*innen), Muskelschmerzen oder Unwohlsein (44 Prozent),
Fiebrigkeit (33 Prozent), Gelenkschmerzen (26 Prozent), Schüttelfrost
(32 Prozent) und Fieber über 38 Grad (8 Prozent) auch in den klinischen Studien zu den am häufigsten gemeldeten Impfreaktionen.

Die Mehrheit war in der Intensität mild bis moderat und verschwand binnen weniger Tage.[50]

Dass mit AstraZeneca ein Impfstoff medial in Verruf geraten war, erhöhte in jedem Fall die Zahl der Meldungen. Wenn über einen Zahnarzt fast jeden Tag in der Zeitung zu lesen ist, seine Behandlungen seien furchtbar schmerzhaft, werden auch mehr Patienten Schmerzen fühlen. Diese wahrscheinliche Verzerrung der Wahrnehmung führt auch die Behörde an:

In den klinischen Studien des Impfstoffs von AstraZeneca zeigte sich darüber hinaus, dass berichtete Nebenwirkungen und Impfreaktionen nach der ersten Dosis stärker und häufiger waren als nach der zweiten Dosis. Bisher wurde dieser Impfstoff hauptsächlich jüngeren Menschen verabreicht, bei denen laut Studien in der Regel stärkere Impfreaktionen auftreten. Zusätzlich ist davon auszugehen, dass die mediale Berichterstattung der vergangenen Wochen und Monate über diesen Impfstoff die Sensibilität für die Meldung von vermuteten Nebenwirkungen und Impfreaktionen erhöht hat.[51]

Ein Restrisiko wird immer bestehen – theoretisch wäre es denkbar, dass der Körper erst Jahre später reagiert. Von den etablierten Impfungen, die zum Teil seit Jahrzehnten eingesetzt werden, ist kein solcher Fall dokumentiert.

Im Falle der mRNA-Impfstoffe kursiert immer wieder das Gerücht, der Wirkstoff könne sich in das menschliche Erbgut einbauen und auf diese Weise langfristig und nachhaltig Schaden anrichten. Das ist schon deshalb nicht möglich, da das Erbgut des

Menschen im Zellkern liegt, dorthin kommt die mRNA aber gar nicht. Zudem hat sie auch eine andere chemische Struktur. Auch Vektor-Impfstoffe können sich nicht in das menschliche Erbgut einbauen. Unter Virologen kursiert ein Witz, den sie sich zurechtgelegt haben, um das immer wieder aufkochende Gerücht mit Humor zu bekämpfen: „Wer wirklich noch immer glaubt, diese Impfstoffe könnten unser Erbgut verändern, sollte das als Chance begreifen."

Die Gesundheitsbehörden kennen keinen Spaß, wenn es um mögliche schädliche Auswirkungen von Impfungen geht. So gibt es in Österreich und in vielen anderen Ländern ein Impfschadengesetz, das regelt, was passieren muss, wenn es durch staatlich empfohlene Impfungen zu Schäden kommen sollte. Bei dreieinhalb Millionen Impfungen jährlich (diese Zahl stammt aus der Zeit vor den Corona-Impfungen) kam es im Durchschnitt zu vier Anträgen auf Schadenersatz, einer davon wurde anerkannt. Das Argument, bei angeblichen Langzeitfolgen (die als solche nicht bekannt sind) würde ein Zusammenhang immer bestritten und man bekomme nichts, stimmt so nicht. Im Fall des Falles wird ein Gutachter beigezogen, und wenn dieser einen Zusammenhang für wahrscheinlich hält, greift das Impfschadengesetz. Das wird genauso bestritten wie vieles andere, was klar belegbar ist – ganz zum Leidwesen der öffentlichen Stellen. Die sehen sich einer Gegenöffentlichkeit im Internet und in manchen Medien gegenüber, die mit der Realität in vielen Fällen nichts gemein hat.

Mensch gegen Virus –
aber nicht ohne Menschlichkeit

Wir werden mit dieser und noch folgenden Pandemien nur ohne große gesundheitliche, gesellschaftliche und wirtschaftliche Schäden fertig werden, wenn in der Gesellschaft ein Konsens darüber herrscht, dass es nur einen Gegner gibt: Den Erreger, das Bakterium, das Virus. Das Wissen darum hat uns allen in den letzten Jahrzehnten nicht nur eine immer weiter steigende Lebenserwartung und Lebensqualität gebracht. Es hat uns Menschen auch bewiesen, dass wir gemeinsam etwas erreichen können. Wenn wir uns nicht in Kleingeisterei und Eifersüchteleien ergehen, wenn wir das Gemeinwohl vor die Gier stellen, wenn wir nicht vergessen, dass dieser Planet Chancen und Risiken in sich birgt – für uns alle. Eine der großen Lehren aus dieser Pandemie lautet: Dieses Virus darf uns nicht die Menschlichkeit austreiben – das wäre die verheerendste Niederlage. Wir als Menschen haben aber schon jetzt bewiesen: Wir können gewinnen.

Quellenverzeichnis

1   Vgl. Hartmann, Lea: Gehts noch, Herr Botschafter? Schweizer Diplomat reisst Witz über Coronavirus. In: Blick vom 27.01.2020. Online abrufbar unter: https://www.blick.ch/politik/gehts-noch-herr-botschafter-schweizer-diplomat-reisst-witz-ueber-coronavirus-id15721611.html [Stand: 08.09.2021]

2   Vgl. Heflik, Katharina: Wir haben die Tore geöffnet. In: Zeit Online vom 29.02.2020. Online abrufbar unter: https://www.zeit.de/politik/ausland/2020-02/tuerkei-recep-tayyip-erdogan-eu-grenzen [Stand: 08.09.2021]

3   Corona: Bergamo-Spiel unter Verdacht. Online abrufbar unter: https://www.sport1.de/fussball/champions-league/2020/03/atalanta-bergamo-fc-valencia-koennte-italiens-coronakrise-beschleunigt-haben [Stand: 08.09.2021]

4   Corona: Bergamo-Spiel unter Verdacht. Online abrufbar unter: https://www.sport1.de/fussball/champions-league/2020/03/atalanta-bergamo-fc-valencia-koennte-italiens-coronakrise-beschleunigt-haben [Stand: 08.09.2021]

5   Schöning, Stephan: „Bank Run". In: Wirtschaftslexikon Gabler. Online abrufbar unter: https://wirtschaftslexikon.gabler.de/definition/bank-run-46393 [Stand: 08.09.2021]

6   Kanzler Kurz verkündet Notbetrieb in Österreich. Zeit in Bild vom 15.03.2020. Online abrufbar unter: https://tvthek.orf.at/profile/Archiv/7648449/Kanzler-Kurz-verkuendet-Notbetrieb-in-Oesterreich/14047788/Kanzler-Kurz-verkuendet-Notbetrieb-in-Oesterreich/14676800 [Stand: 08.09.2021]

7   Bis nach New York? Wie sich das Coronavirus von Ischgl aus in der Welt verteilte. In: Kleine Zeitung vom 27.11.2020. Online abrufbar unter: https://www.kleinezeitung.at/lebensart/gesundheit/5904028/Bis-nach-New-York_Wie-sich-das-Coronavirus-von-Ischgl-aus-in-der [Stand: 08.09.2021]

8   Angetter, Daniela. In: ÖAW-Newsletter vom 24.11.2020.

9   Angetter, Daniela. In: ÖAW-Newsletter vom 24.11.2020.

10   Ein Land klopft sich auf die Schulter und verpasst ein Zeitfenster für Reparaturen. Der Föderalismus macht Probleme. In: Die Presse vom 11.12.2020. Online abrufbar unter: https://www.diepresse.com/5910281/ein-land-klopft-sich-auf-die-schulter-und-verpasst-ein-zeitfenster-fur-reparaturen-der-foderalismus-macht-probleme [Stand: 08.09.2021]

11   Vgl. COVID-19 Dashboard by the Center for Systems Science and Engineering (CSSE) at Johns Hopkins University (JHU). Online abrufbar unter: https://www.arcgis.com/apps/opsdashboard/index.html#/bda7594740fd40299423467b48e9ecf6 [Stand: 08.09.2021]

12   Gesundheitskontrollen an den Grenzen. Zeit im Bild vom 16.8.2020. Online abrufbar unter: https://orf.at/stories/3177669/ [Stand: 08.09.2021]

13   Neos fordern runden Tisch zu Corona. Presseaussendung vom 16.08.2020. Online abrufbar unter: https://www.ots.at/presseaussendung/OTS_20200816_OTS0013/neos-fordern-runden-tisch-zu-corona [Stand: 08.09.2021]

14 Komplexitätsforscher: Brauchen bessere Daten für Prognosen. In: Medinlive vom 12.11.2020. Online abrufbar unter: https://app.medinlive.at/wissenschaft/komplexitaetsforscher-brauchen-bessere-daten-fuer-prognosen [Stand: 08.09.2021]

15 Ortner, Christian: Her mit einer Wahrheitskommission, die Schuldige benennt. In: „Quergeschrieben", Die Presse vom 28.01.2021. Seite 27. Online abrufbar unter: https://www.diepresse.com/5929387/her-mit-einer-wahrheitskommission-die-schuldige-benennt [Stand: 08.09.2021]

16 Rendi-Wagner in der ORF-Pressestunde mit Hans Bürger und Karin Leitner. Vom 13.12.2020.

17 Schmid, Fabian: ÖVP im Fokus der Justiz: Maschine brennt. In: Der Standard vom 26.02.2021. Online abrufbar unter: https://www.derstandard.de/story/2000124517305/maschine-brennt [Stand: 08.09.2021]

18 Rohrer, Anneliese: So geht das nicht. In: Die Presse vom 17.04.2021. Seite 29.

19 Ortner, Christian: Bitte Wohlstand für alle statt „glücklich sein mit weniger". In: Die Presse vom 05.06.2021.

20 Horx, Matthias: 48 – Die Welt nach Corona. Blog 03/2020. Online abrufbar unter: https://www.horx.com/48-die-welt-nach-corona/ [Stand: 08.09.2021]

21 APA. Vom 06.06.2019.

22 APA. Vom 06.06.2019.

23 Gesamtes Gespräch: ORF-Pressestunde. Vom 27.09.2020.

24 EU-Gipfel. Erfolg für Österreich und die Sparsamen. In: Deutschlandfunknova vom 21.07.2020. Online abrufbar unter: https://www.deutschlandfunknova.de/beitrag/eu-gipfel-erfolg-fuer-die-sparsamen-fuenf [Stand: 08.09.2021]

25 EU-Gipfel. Erfolg für Österreich und die Sparsamen. In: Deutschlandfunknova vom 21.07.2020. Online abrufbar unter: https://www.deutschlandfunknova.de/beitrag/eu-gipfel-erfolg-fuer-die-sparsamen-fuenf [Stand: 08.09.2021]

26 Bidder, Benjamin: Der Absturz Europas. In: DER SPIEGEL vom 30.03.2021. Online abrufbar unter: https://www.spiegel.de/wirtschaft/soziales/corona-krise-europa-ist-der-schwachpunkt-der-weltwirtschaft-a-dc3d7bf3-dea4-4441-ada8-dd77bfccdef8 [Stand: 08.09.2021]

27 Bidder, Benjamin: Der Absturz Europas. In: DER SPIEGEL, vom 30.03.2021. Online abrufbar unter: https://www.spiegel.de/wirtschaft/soziales/corona-krise-europa-ist-der-schwachpunkt-der-weltwirtschaft-a-dc3d7bf3-dea4-4441-ada8-dd77bfccdef8 [Stand: 08.09.2021]

28 Agamben, Giorgio: Der Ausnahmezustand ist zur Struktur des Regierens geworden. In: Philosophie-Magazin 06/2019. Seite 19.

29 Hartmut, Rosa: Impulse zur Coronakrise. In: Philosophie-Magazin 04/2020. Seite 10f.

30 Hartmut, Rosa: Ein gesellschaftlicher Pfadwechsel ist möglich. In: Philosophie-Magazin 04/2020. Seite 11. Online abrufbar unter: https://www.soziologie.uni-jena.de/sozmedia/wir+in+den+medien/philomagazin+04+2020.pdf [Stand: 08.09.2021]

31 Jaeggi, Rahel: Das TINA-Prinzip durchbrechen. Philosophie-Magazin 04/2020. Seite 11. Online abrufbar unter: https://www.soziologie.uni-jena.de/sozmedia/ wir+in+den+medien/philomagazin+04+2020.pdf [Stand: 08.09.2021]

32 Lanz, Martin: Wirtschaftskrise ist, wenn am Ende doch die USA gewinnen. In: NZZ vom 08.07.2021. Online abrufbar unter: https://www.nzz.ch/ meinung/corona-wirtschaftskrise-die-usa-haengen-europa-einmal-mehr-ab- ld.1633962?reduced=true [Stand: 08.09.2021]

33 Brächer, Michael / Hecking, Claus / Hesse, Martin / Jung, Alexander: Die fehlende Angst vor dem Crash. In: DER SPIEGEL 10/2021 vom 05.03.2021. Online abrufbar unter: https://www.spiegel.de/wirtschaft/ soziales/boersen-boom-in-der-krise-wann-platzt-die-corona-blase-a-229cb 8df-0002-0001-0000-000176138637 [Stand: 08.09.2021]

34 Brächer, Michael / Hecking, Claus / Hesse, Martin / Jung, Alexander: Die fehlende Angst vor dem Crash. In: DER SPIEGEL 10/2021 vom 05.03.2021. Online abrufbar unter: https://www.spiegel.de/wirtschaft/ soziales/boersen-boom-in-der-krise-wann-platzt-die-corona-blase-a-229cb 8df-0002-0001-0000-000176138637 [Stand: 08.09.2021]

35 Bachner, Michael: Ökonom Felbermayr: „Dann fällt das Kartenhaus in sich zusammen". In: KURIER vom 06.03.2021. Online abrufbar unter: https:// kurier.at/wirtschaft/oekonom-felbermayr-dann-faellt-das-kartenhaus-in-sich- zusammen/401209537 [Stand: 08.09.2021]

36 Dörner, Astrid / Münchrath, Jens: US-Ökonom Joseph Stiglitz: „Die Inflationswarner liegen völlig daneben". In: Handelsblatt Nr. 045 vom 05.03.2021. Seite 10. Online abrufbar unter: https://www.handelsblatt. com/politik/international/interview-us-oekonom-joseph-stiglitz-die- inflationswarner-liegen-voellig-daneben-/26961354.html?ticket=ST-451030- jJpgFL6lMz0mKZNZlFNi-ap2 [Stand: 08.09.2021]

37 In: Handelsblatt Nr. 120 vom 25.06.2021. Seite 52.

38 Schlautmann, Christoph: Hapag-Lloyd-Chef Rolf Habben Jansen: „Man muss das Schiff überbuchen". In: Handelsblatt Nr. 120 vom 25.06.2021. Seite 57. Online abrufbar unter: https://www.handelsblatt.com/unternehmen/handel- konsumgueter/grossreederei-hapag-lloyd-chef-rolf-habben-jansen-man-muss-das- schiff-ueberbuchen/27360010.html [Stand: 08.09.2021]

39 Teurer, später, knapper: Warum die Mangelwirtschaft nicht mehr verschwinden wird. In: Handelsblatt Nr. 120 vom 25.06.2021. Seite 54. Online abrufbar unter: https://www.handelsblatt.com/unternehmen/handel-konsumgueter/ globale-warenengpaesse-teurer-spaeter-knapper-warum-die-mangelwirtschaft- nicht-mehr-verschwinden-wird/27359956.html?ticket=ST-486096- SRQeAYJIKgfJ1DSgb5V6-ap2 [Stand: 08.09.2021]

40 VW ohne China „nicht mehr vorstellbar". In: manager magazin vom 23.01.2021. Online abrufbar unter: https://www.manager-magazin.de/unternehmen/ autoindustrie/volkswagen-ohne-china-nicht-mehr-vorstellbar-rekordanteil-des- asiengeschaefts-a-9e3a722c-42f4-46d3-9f9e-3b1599e8c9ea [Stand: 08.09.2021]

41 Fischer, Malte / Haerder, Max / Heißler, Julian / Hielscher, Henryk / Losse, Bert / Petring, Jörn / Kiani-Kreß, Rüdiger / Reimann, Annina: Der blockierte Boom. Kollateralschäden der Krise. In: Wirtschaftswoche vom 25.03.2021. Online abrufbar unter: https://www.wiwo.de/my/politik/konjunktur/kollateralschaeden-der-krise-deutsche-wirtschaft-vor-pleitewelle/27038652-3.html?ticket=ST-676045-abeySYaoDJbF3sBQkrgB-ap5 [Stand: 08.09.2021]

42 Stengel, Oliver: Jenseits der Marktwirtschaft. Ökonomie im 21. Jahrhundert. Berlin/Heidelberg: Springer Verlag, 2016, Seite 251.

43 Stengel, Oliver: Jenseits der Marktwirtschaft. Ökonomie im 21. Jahrhundert. Berlin/Heidelberg: Springer Verlag, 2016, Seite 252.

44 Piorkowski, Christoph David: Es ist der Kapitalismus, der die Krisen anheizt. Von Finanzcrash bis Klimakatastrophe. In: Der Tagesspiegel vom 17.06.2020. Online abrufbar unter: https://www.tagesspiegel.de/kultur/von-finanzcrash-bis-klimakatastrophe-es-ist-der-kapitalismus-der-die-krisen-anheizt/25921436.html [Stand: 08.09.2021]

45 Wissenschaft kann Politik nicht ersetzen. Alexander Bogner im Interview mit Lukas Wieselberg. In: science.ORF.at vom 09.07.2021. Online abrufbar unter: https://science.orf.at/stories/3207545/ [Stand: 08.09.2021]

46 Wissenschaft kann Politik nicht ersetzen. Alexander Bogner im Interview mit Lukas Wieselberg. In: science.ORF.at vom 09.07.2021. Online abrufbar unter: https://science.orf.at/stories/3207545/ [Stand: 08.09.2021]

47 Lauterbach, Karl: Karl Lauterbach: „Die Corona-Maßnahmen sind eine Politik des Freiheitsschutzes". Karl Lauterbach im Interview mit Nils Markwardt. In: Philosophie-Magazin vom 23.02.2021. Online abrufbar unter: https://www.philomag.de/artikel/karl-lauterbach-die-corona-massnahmen-sind-eine-politik-des-freiheitsschutzes [Stand: 08.09.2021]

48 Lauterbach, Karl: Karl Lauterbach: „Die Corona-Maßnahmen sind eine Politik des Freiheitsschutzes". Karl Lauterbach im Interview mit Nils Markwardt. In: Philosophie-Magazin vom 23.02.2021. Online abrufbar unter: https://www.philomag.de/artikel/karl-lauterbach-die-corona-massnahmen-sind-eine-politik-des-freiheitsschutzes [Stand: 08.09.2021]

49 https://www.hass-im-netz.info/themen/artikel/corona-pandemie-und-rechtsextreme-onlinepropaganda.html; Abgerufen am 14. September 2021

50 https://www.basg.gv.at/fileadmin/redakteure/05_KonsumentInnen/Impfstoffe/Bericht_BASG_Nebenwirkungsmeldungen_27.12.2020-13.08.2021.pdf

51 https://www.basg.gv.at/fileadmin/redakteure/05_KonsumentInnen/Impfstoffe/Bericht_BASG_Nebenwirkungsmeldungen_27.12.2020-13.08.2021.pdf

Ein Dankeschön zum Schluss

Die Voraussetzungen, ein Buch zu schreiben, waren schon einmal besser. Nicht wegen des Stoffes, sondern weil sich die Erkenntnisse, aber auch die Konsequenzen daraus fortwährend überstürzten. Wie so oft bei derart einschneidenden Umwälzungen wird sich vieles erst im Rückblick klären lassen. Wir haben bei unserer aktuellen Arbeit vor der Kamera versucht, bei der Einordnung der Ereignisse behilflich zu sein. Mittels der Aufarbeitung der Geschehnisse in diesem Buch soll nun auch ein Blick in die Zukunft ermöglicht werden. Dabei kam uns viel Unterstützung zugute: Besonders herzlich bedanken möchte ich mich bei meinem inspirierenden Co-Autor Günther Mayr, beim gesamten Braumüller-Team, allen voran bei dem Verlagsleiter Bernhard Borovansky, der in vielen hitzigen Momenten einen kühlen Kopf bewahrte und Flexibilität bewies. Er hat immer an dieses Projekt geglaubt. Mein größter Dank gilt allerdings meinen Söhnen Taddeo und Benno, die nicht nur die Corona-Ausnahmezeit meistern, sondern auch viele Stunden auf ihren Vater verzichten mussten. Ihnen sei dieses Buch gewidmet.

Hans Bürger
im Oktober 2021

Diese Pandemie hat nicht nur Verlierer. Eines ist klar: Ohne sie hätte die Wissenschaft nicht den Stellenwert erlangt, den sie heute hat. Und – so viel darf ich unbescheiden anmerken – auch mein Bekanntheitsgrad wäre nicht der, den ich heute habe. Ich bin unseren Zuschauerinnen und Zuschauern sehr dankbar, dass sie mich so akzeptieren, wie ich bin. Nicht nur das, sie haben mir auch durch eine Abstimmung über TV-Lieblinge eine wunderschöne Statue zukommen lassen. Und das kam so:

Die Statue aus dem Kaffeeautomaten
Es gibt in meiner Redaktion den guten Brauch, für kompliziertere Gespräche klassisch österreichisch „auf einen Kaffee zu gehen". Irgendwann im

April 2021 bat mich einer unserer zukunftsträchtigen jungen Redakteure um einen Kaffeetermin. Ich hatte nicht gleich Zeit und bat um etwas Geduld. Normalerweise hat Florian diese Geduld auch, aber dieses Mal insistierte er heftig: „Wir müssen reden!" Da ich an diesem Tag – es war ein Mittwoch – einen meiner regelmäßigen Live-Auftritte in der Sendung „Mittag in Österreich" hatte, sagte ich: „Machen wir es nach der Sendung!" Unmittelbar nach der Sendung wollte mein Vorgesetzter dringend etwas wissen, und ich hastete noch schnell in sein Büro. Schon wieder rief mich Florian an: „Was ist mit unserem Termin?" – „Ja, ich komme gleich!" – „Es wäre wichtig." Als wir dann wenige Minuten später in der Kantine wie gewohnt zum Kaffeeautomaten schritten, sahen wir das große Schild: „DEFEKT!" Na wunderbar. Die freundliche Frau von der Kantinenkasse eilte herbei und meinte: „Wir haben da drüben eine Ersatzmaschine." Dort angelangt, drückte ich wie gewohnt die Taste „Cappuccino". Dann geschah Seltsames: „Wollen Sie den Cappuccino mit viel oder wenig Milch?", fragte mich keine Bedienung, sondern der Automat. Wie in der legendären Polizei-Serie „Kottan ermittelt" hatte er offenbar ein Eigenleben. Ich drückte noch einmal. „Mit oder ohne Zucker?", fragte der Automat weiter. Da war mir klar: Irgendwas stimmt nicht. „Ist hier irgendwo eine versteckte Kamera?", fragte ich Florian. Der zuckte lässig mit den Schultern. Ich war verwirrt, blickte mich um. Dann sah ich die „Bescherung": Andi Knoll von Ö3 marschierte auf mich zu, auf einem Serviertablett die legendäre Romy-Statue, eine Auszeichnung des Publikums für Fernsehleute, vergeben von der Tageszeitung Kurier. Ich sah Florian an: „Hast du mich da ...?" Diesmal folgte auf das Schulterzucken ein breites Grinsen. Meines wird kaum anders gewesen sein. Ich hatte meine Romy – quasi aus dem Kaffeeautomaten. So elegant wurde ich noch nie hinters Licht geführt. Aber es war ja für einen sehr guten Zweck ...

DANKE, liebes Publikum (siehe S. 136)

Günther Mayr
im Oktober 2021

Hans Bürger

Selbstverständlich ist nichts mehr

Gebunden, 272 Seiten,
ISBN 978-3-99100-311-3
€ 22,–

Für sehr viele Menschen ist die Arbeit Lebenssinn. Oder zumindest ein mehr oder weniger großer Teil ihres Lebens. Was aber macht der Mensch von heute, wenn ihn die Arbeit schrittweise verlässt, weil vielleicht doch Studien Realität werden, wonach in den kommenden Jahren und Jahrzehnten fast jeder zweite Arbeitsplatz ersetzt wird? Durch Digitalisierung, Künstliche Intelligenz, Roboter. Und wenn dazu auch noch andere – jahrhundertelang gewohnte – Selbstverständlichkeiten wegfallen. Was ist dann der individuelle Sinn unseres Lebens? Und was macht die Politik? Zur Beantwortung dieser Fragen unternimmt der bekannte ORF-Journalist und ausgebildete Ökonom Hans Bürger eine Reise von der Antike bis zur Corona-Pandemie und ihren Folgen. Glück? Sinn? Weisheit? Authentizität? Was zählt im Leben wirklich? Große Fragen mit großen Antworten von Philosophen, Soziologen und Seelenforschern.

Hans Bürger

Der vergessene Mensch in der Wirtschaft

Gebunden, 280 Seiten,
ISBN 978-3-99100-074-7
€ 21,90

Zahlen, Daten, Fakten, Statistiken und hochkomplexe mathematische Berechnungsmodelle prägen seit jeher die Wirtschaftswissenschaften. Eines bleibt dabei aber völlig unberücksichtigt – der wichtigste Faktor überhaupt: der Mensch.
Hans Bürger begibt sich in diesem Buch auf eine Reise durch die menschliche Psyche und trifft auf Motive wie Gier, Neid, aber auch auf Fairness und soziales Denken. Eines ist der Mensch jedenfalls nur in den seltensten Fällen: eine fleischgewordene Rechenmaschine, ein rein rationaler Homo oeconomicus. Aber wie verhält er sich in ökonomischen Entscheidungssituationen wirklich? Warum ist er so leicht zu täuschen – auch von sich selbst? Und weshalb sind seine Emotionen nachweislich schneller als seine Gedanken?

Johanna Schechner,
Heidemarie Zürner
Krisen bewältigen

Sofcover, 344 Seiten,
ISBN 978-3-99100-110-2
€ 19,90

Mobbing, Krankheit, Geldsorgen, der Verlust eines geliebten Menschen: Warum zerbrechen manche Menschen an Schicksalsschlägen, während andere sie scheinbar mühelos überwinden?

Menschen meistern Krisen, wenn sie in ihrem Leben einen Sinn sehen, ist Viktor Frankls Antwort. In ihrem Buch *Krisen bewältigen* stellen die Expertinnen Johanna Schechner und Heidemarie Zürner die Lehre des österreichischen Neurologen, Psychiaters und Begründers der Logotherapie vor und zeigen, wie sie uns dabei hilft, mit den Herausforderungen des menschlichen Lebens umzugehen. Konkrete Beispiele führen vor, wie jede/r von uns mit Frankls 10 Thesen ihr/sein Leben gestaltend in die Hand nehmen und Probleme überwinden kann. Das praxisorientierte Buch macht die Grundzüge von Frankls Lehre verständlich und nachvollziehbar und bietet in Zeiten der Wirtschaftskrise und aufweichender sozialer Werte wertvolle und taugliche Lebenshilfe.